見えない世界と
つながれば、
ぜんぶ
うまくいく!
幸せ
ミラクル
Happiness
Miracle
KADOKAWA

あなたが思う「幸せ」とは、
どんな状態ですか？

私が思う「幸せ」とは、
みんながありのままの自分で、
好きな人と、好きなことをして、
自分らしく、自由に生きていける世界になること。

でも、必死に努力しなくても大丈夫。

この本を読んでいるあなたには、
好きな人と、好きなことをして、のびのびと自由に生きる、
そんな信じられないような現実が奇跡のようにやってくる
「幸せミラクル」の魔法をかけておきましたから！

この本を読み終わる頃には、
あなたに、たくさんのミラクルが訪れるでしょう。

ぜひ、楽しみに読み進めてみてください。

はじめに

はじめまして。ハッピーコンサルタントのAoと申します。

私は、YouTube「Ao Channel」で、タロットカードやオラクルカードをリーディングする占い動画を配信したり、お悩みに対して必要なメッセージをお伝えする個人セッションをおこなったりしていますが、その際に活躍するのが、**見えない世界の声である「直感」**です。

その時々で感じたことを言葉にしていくため、カード本来の意味とは違う解釈になる場合もあるのですが、結果、たくさんの方から嬉しい報告をいただくようになりました。

「動画を見たあとに、彼から連絡がきました」

「好きな人からデートに誘われました」
「『今月中に出会いがあるかも』というAoさんの言葉通りになりました」
「セッションのあと、3日後に出会った彼と付き合うことになり、今も一緒にいます」
「復縁した彼と、結婚することになりました」
「子どもを授かることができました」
「仕事のこと、お金のことなど、悩んでいたことをピンポイントで聞くことができて、救われました」
「動画を見てから第一希望の企業に面接に行ったら、内定をもらえました」
「めちゃくちゃ波動があがり、幸せな気持ちになれました」

これらはみなさんからいただいたメッセージのほんの一部ですが、幸せなコメントばかりで、私も感動しています。

今では、こうしてみなさんの恋愛成就や願望実現のお手伝いをしていますが、実はハッピーコンサルタントとして活動する以前は、恋愛、仕事、お金などすべてがうまくいかず、どん底も経験しました。

しかし、ある日不思議な声を聞いたことで、本当の自分を生きようと決意したのです。

当時、仕事先でパワハラにあっていた私は、あまりのつらさに、職場の窓から見える木に、

「早く仕事やめたいよー」

「でも、やめる勇気ないよー」

と、毎日話しかけていました。

友達から、「木はネットワークでつながっている」という話を聞き、木に話しかけたら思いが通じるかもしれない、と思ったのです。

そんなある日、職場で流れ作業のように納品書のファイリングをしていたら、突然、

「あなたの仕事はこれじゃない」

という声がハッキリ聞こえてきました。

え？　誰？　と思いましたが、もしかして、ハイヤーセルフ（個を超えた高次の意識の自分）の声かもと思った私は、とっさに、

「これじゃないいなら何？」

と質問しました。すると、こう答えが返ってきました。

「もっとクリエイティブなもの」

私は、

「クリエイティブなものって何？」

と聞き返しましたが、もう声は聞こえてきませんでした。

おそらく、同じことを繰り返すファイリング作業で思考が止まり、その隙間《すきま》をぬって、ハイヤーセルフからのメッセージをキャッチしたのでしょう。

本書の第2章で詳しくお伝えしますが、見えない世界の声は、思考があると

かき消されて聞こえなくなるのです。
本当に一瞬の出来事でしたが、私はハイヤーセルフの声を聞けたことが嬉しくて、その時から、自分のために真剣に自分を生きようと思ったのです。

不思議な声に導かれるように行動した結果、今の仕事へとつながったわけですが、実際、見えない世界を味方にすることで現実は望む通りに動き出します。
ここで言う「見えない世界」とは、天使、妖精、龍神、ハイヤーセルフ、直感（インスピレーション）、ふとした思いつきなど、目で見ることができないものすべてを指していて、それらはどんな時もあなたが望む方向へ進むために、サインを送ってくれているのです。

「ピンとくる」「ひらめいた」など、直感がきた時は、見えない世界からのお知らせ。

「そこに何かヒントがあるよ」「そっちに進んで大丈夫だよ」。もしくは、「そっちじゃないよ」「今はタイミングじゃないよ」など、あなたが幸せを感じる方向を教えてくれているのです。

そのサインをキャッチして心の声に従っていくことで、よいことがどんどん起こり出し、願いが叶うことにつながっていきます。

本書では、その見えない世界のサインをキャッチして、行動に移せるようになるヒントをたくさん紹介しました。

最初から読んでもいいし、気になるところから読み進めていただいてもかまいません。

ほっとリラックスした時に、ぜひページを開いてみてください。


あなたの人生に、たくさんの「幸せミラクル」が訪れますように。

Ao

Chapter 1

見えない世界は あなたにサインを送っている

Chapter 2
「感じる心」を取り戻す

Chapter 3

見えない世界のサインをキャッチする

Chapter 4

Chapter 5

装丁／krran（西垂水 敦・内田裕乃）
中面デザイン／原田敏子
装丁画／坂本 彩
編集協力／RIKA（チア・アップ）
校正／麦秋アートセンター
撮影／齋藤優龍（KADOKAWA）
DTP／東京カラー

Chapter

1

見えない世界はあなたにサインを送っている

見えない世界は共にある

スピリチュアルに関するお仕事をしている人のなかには、子どもの頃から見えない世界とコミュニケーションする能力を持った方も多いと思います。しかし、私は、いたって普通の子どもでした。

ただ思い返すと、「あれ？」と思うようなプチ不思議体験がいくつかあります。

その最初の記憶は、保育園の年長さんの時。当時、乾《かん》布《ぷ》摩《ま》擦《さつ》がはやっていて、みんなで園庭に出てタオルでごしごしと体をこすっていました。

すると、透明な紙飛行機のようなものが、目の前にふわ～っと飛んできて、木に止まりました。

「あれ、なんだろう？」と思いましたが、その紙飛行機を気にとめる人は誰もいません。

「みんな見えてないのかな〜？」と不思議に思うと同時に、見ちゃいけないものを見てしまった感覚になったことを、うっすらと覚えています。

次に記憶しているプチ不思議体験は、小学校中学年の頃。転校してきた女の子と、タイムカプセルを埋めようということになり、その子の家の近所を探検しながら、埋める場所を探していました。

すると、使われていない畑のような場所を発見。そこに、それぞれ自分の好きなおもちゃを丸いカプセルトイに詰めて、埋めました。

それから約1か月後、その子と遊んでいた時に、埋めたタイムカプセルがあるかどうか気になって、二人で埋めた場所に行って掘り返してみることになりました。

ところが、その畑が見つかりません。畑だった場所は雑木林のようになり、たくさんの木が生い茂っていたのです。

場所を勘違いしているのかと思い、その子と何度も埋めた時の記憶を思い出しましたが、何度思い返しても同じ場所。間違えようがないのです。

たった1か月の間に、畑だった場所に木が密集して生えるわけもなく、二人で「ヘンだね〜」と言いながら、キツネにつままれたような気持ちになりました。

今考えると、パラレルワールド（並行世界）に足を踏み入れたのかもしれません。時空のポータルになっていた雑木林に偶然入ってしまい、雑木林になる前の時代なのか、あるいは、雑木林が伐採《ばっさい》されて更地になった未来なのかわかりませんが、あるパラレルワールドでタイムカプセルを埋めて元の時空に戻ってきたのかもしれない、と感じました。

そうした不思議体験はちょこちょこあったものの、とくに自覚せず過ごしてきた子ども時代。思い返せば、**見えない世界はいつもすぐそばにあったのかもしれない、**と思うのです。

体に出る症状は「それは違うよ！」のサイン

「はじめに」でもお伝えしたように、「あなたの仕事はこれじゃない」「もっとクリエイティブなもの」というハイヤーセルフの声を聞いたあと、私はクリエイティブなことってなんだろう、と思いながら、パソコンでハローワークのサイトを開きました。

そこで目にとまったのが、ＷＥＢデザインを学べる職業訓練校の募集。「これをやってみよう！」とピンときた私は、さっそく申し込みました。

でも、スクールが始まるのはまだ半年以上先のこと。職場でパワハラにあっていたので、すぐにでもやめたい気持ちでいっぱいでしたが、今やめたら収入もなくなるし、スクールが始まるまでの間は働くしかないと、我慢して仕事を続けていました。

そうこうしているうちに、ぎっくり腰になってしまいました。

ぎっくり腰になるのは、実は、人生2度目。1度目は高校生の時で、校庭の草むしりに行かなければいけない運動会の前日の朝になりました。

つまり、**ぎっくり腰は、「行きたくない」「やりたくない」と本心が言っているサイン**なのです。

今回もぎっくり腰になったということは、私の居場所はここじゃないという、見えない世界のお知らせに他なりません。

同時に、職場でのパワハラはいっそうひどくなり、ある時どうしても耐えられなくなった私は、職場から派遣元の会社に電話をかけて、その職場をやめました。収入が途絶え困っていましたが、やむを得ず退職することになったため、失業保険を受給できることになり、結果、ベストタイミングで仕事をやめることができました。

体の症状は、見えない世界からの大切なメッセージなのですね。

「こうしたい」という心の声を無視しない

私は今、ハッピーコンサルタントとして活動していますが、実は、5年前までは、占いやスピリチュアルでお仕事をしようなどと、思ってもいませんでした。

実際、WEBデザインのスクールに通っていた時も、占いやスピリチュアルは好きだけど、あえて隠していたのです。

なぜなら、スピリチュアルや占いというと、なんとなく怪しいイメージがあるし、ヘンな人と思われたくなかったから。「そういうことに興味はありません」というフリをして、スピリチュアルの話には近づかないようにしていました。

WEBデザインのスクールは、4人でひとテーブルの席。私はスピリチュアルの「ス」の字も出さずに、近くの席の人たちと楽しく過ごしていました。

しかし、2回目の席替えで、4人全員、スピリチュアル大好き女子が集まったのです。私以外の3人は、休み時間になるたびスピリチュアルの話で盛り上がるので、私は話に加わりたい欲求を抑えていました。

ある日、休み時間に課題に取り組んでいると、同じグループの二人が私の横で話し始めました。

「ねえ、○○って占いに行ってきたんだけど、知ってる?」

「え、知らない。どこ、どこ?」

「○○町にいるんだけど、視《み》える人で有名みたいだよ」

もう私の耳はダンボです!(笑)

気になって課題は手につかず、我慢できなくなった私は、「ちょっと、その話、聞かせてください!」とスピリチュアル好きをカミングアウトし、そこから再び占いやスピリチュアルの世界に、入り込んでいきました。

不思議なのですが、以前も、私が占いやスピリチュアルから離れようとすると、友達が「いい占い師さんがいるから行こう」と誘ってくるなど、なぜか離れられない出来事が起こるのです。

今回も、見えない世界のサインだと感じた私は、「ああ、やっぱり私は、占いやスピリチュアルの道から抜けられないんだ〜」といい意味であきらめがつき、正々堂々と占いの道を究めようと思いました。

そんななか、四柱推命《しちゅうすいめい》にはまってコンサルができるくらいまでにはなったのですが、何かしっくりくる感じがなく、仕事にするかどうか迷っていた時、たまたまオラクルカードのYouTubeチャンネルを見つけました。

オラクルカードを使ったリーディングで、ピンポイントにアドバイスができることに感動し、さっそくカードを購入。

自分で何度も試したり、友達にカードを引いてあげたりするうちに、どんどんカードの面白さにはまっていったのです。

ただその時その時に感じた「こうしたい」という思いに沿っていっただけなのですが、それも見えない世界が教えてくれている立派なサインです。

そのサインをキャッチしていけば、必ずやりたいことに導かれていくのです。

3つのエネルギー体が教えてくれたこと

YouTubeが軌道に乗り始めた頃、私は「絶対に、月収100万円を超えたい！」と思っていました。

それは単に、月収100万円とはどんなものかを体験したかっただけなのですが、なかなか叶いません。

そんなある日の午後、「今世、月収100万円が叶わなかったら、私はいったいどうなるんだろう？」と思いながらベッドでゴロゴロしていたら、そのまま寝てしまいました。

ふとお昼寝から覚めると、なんとなくベッドとは違う感触のところに寝ていて、右側と正面と左側から白く発光した細長いエネルギー体がこっちを見ています。

そのエネルギー体の正体はわかりませんが、龍神さんのような高次元存在のように感じました。


私はうつらうつらしながらも、なぜかその生命体に質問しようと思い、

「今世、やりとげたいことがあるけど、もしできなかったらどうなるの？」

と聞きました。すると、

「同じだよ。またやるんだよ」

という答えが返ってきたのです。それは、声で聞こえたのではなく、なんとなく浮かんできたという感覚です。

私は**「そっか、やってもやらなくてもどっちでもいいんだ。もし、今世やらなくても来世は必ずやることになるのなら、焦らなくていいんだ」**とわかり、気持ちが楽になりました。

つい自分に厳しくしそうになりますが、見えない世界は、いつもあたたかいメッセージを送ってくれているのです。

「見守っているよ」と伝えてくれた天使の羽

アルバイト先でもパワハラにあっていたことがありました。やめればいいのですが、何度もパワハラにあうと、どこにいってもパワハラされるのではないかと思い、動けなくなっていたのです。

シフトもあまり入ることができず、アルバイト代は月2万円。途方に暮れ、アルバイト先の敷地内で掃き掃除をしながら、駐車場にある大きな桜の木に「つらいよ～」と話しかけていました。

すると、上からふわっと羽が落ちてきたのです。それも、赤い羽根共同募金の時にもらうような、けっこう大きな羽が……。

周りを見渡しても飛んでいる鳥はいません。私は「天使の羽だ。天使さんがそばにいてくれているのかもしれない」と嬉しくなりました。

家に帰ってから、「今のアルバイト先をやめて、好きなことを仕事にしていきたいけど怖い、勇気がない。どうしたらいいか、教えてください！」と、泣きそうな気持ちで天使系のオラクルカードを引いてみました。

すると、「あなたは大丈夫！　恐れるべきものは何もありません。必要のない心配をしてつらい思いをしているあなたの姿を見た天使が、このカードを送ってきました。天使は常にあなたと共にあります。恐れや心配はすべて天使に預けて、自然の流れに任せましょう。そうすれば、あなたにとって最高の結果がもたらされます」というメッセージが出たのです。

このカードのメッセージは、「運動してね」「空を見上げてね」など具体的な行動やアドバイスが大半なのですが、今の私の背中を押してくれるぴったりな言葉に号泣し、**「やっぱりあの羽は天使さんからのサインだったんだ！　自分の好きなことを仕事にしていこう！」**と心新たに誓いました。

天使さんは、いつも私たちを見守ってくれているのですね。

寝ている横に妖精が現れた!!

いつも、お願い事や困ったことがあると、天使さんや妖精さん、龍神さんに話しかけている私は、「実際に、この目で見てみたい！」と思っていました。

そこでまず、妖精の本を購入。妖精について理解を深め、どうしたら妖精に会えるか、こまかい情報まで調べました。

それと同時に、「どういう状態で出てきても、絶対に引かないし、怖がらないし、驚かないと約束します。お願いだから出てきてください！　1回でいいから会いたいです！」とお願いしたのです。


そうして、妖精に会いたい思いを募らせていたところ、視界の端がピカピカと光る現象が起き始めました。

最初は、犬の散歩で公園に行った時、道路わきの茂みからオレンジ色の光がピカッと光ったのです。一瞬「蛍《ほたる》かな？」と思いましたが、蛍の出る時期でもありません。その時一緒にいた妹にも確認しましたが、「光ってない」と言われ、錯覚かもしれないと思いました。

次に光る現象が起きたのは、アルバイト先のカフェのバックヤードでのこと。エプロンをつけていたら、視界の端がまたピカピカと光ったのです。

その日の夜も、本を読んでいたらピカピカ光るものが。「目の病気じゃなければいいのだけど……」と心配になり、ネットで調べましたが、目の病気ではなさそうです。

では、この現象はなんだろうと思い検索していたら、「妖精のサイン」という記事を見つけました。

もしかしたら、妖精が現れようとしてくれるのかもしれない、と思いながら寝たところ、夜中にパッと目が覚めました。

当時、旦那さんと床にマットレスを敷いて寝ていたのですが、**私と旦那さんのマットレスの間に、なんと、洋風の顔立ちをした妖精がいたのです！**

性別は男性。大きさは4、5歳の子どもくらい。正座をして、私の枕元をじっと見つめています。

私はいつも枕元に、本やアクセサリー、天然石などを置いて寝るのですが、妖精は、その一点をじっと見つめています。妖精はキラキラしたものが好きらしいので、興味津々で見ていたのかもしれません。

妖精の周りはほんのり明るくて、真っ暗な部屋でも表情までよく見えました。

ふと、「旦那さんはどうしてるのかな？」と思って隣を向くと、妖精の体が透けていて、その向こう側に旦那さんが寝ているのが見えました。頭が働いてきて、

「え？？　妖精さんが透けてる!!」

と思った瞬間、妖精は消えてしまいました。

妖精に会ったのは、この1回きりですが、会いたい、見たいと願ったら、本当に見ることができました。

願ったら姿を見せてくれた龍神さん

妖精を目にした私は、「龍神さんにも会いたい、見たい」と思い、前回と同様に、どうしたら龍神さんに会えるのかを調べました。

すると、医師の丸山修寛先生が考案された、見たり、触れたりするだけで不調や悩みを改善できる、というヒーリングアート「クスリ絵」に出合いました。

そのなかの「マイドラゴン」というクスリ絵を枕元に入れて寝るとマイドラゴンに会えた、という口コミを見て、さっそく丸山先生の本を購入。マイドラゴンのページをコピーしてクリアファイルに入れ、枕の下に入れて眠りました。

すると、その日の夜中にパッと目が覚めました。横向きで寝ていた私は壁をぼんやり見ていると、壁に緑色や青色の何かがぐるぐるとすごいスピードで渦巻いています。

直感的に「龍だ！」と思いましたが、期待していたより小さくて、しかもコンタクトを外しているためよく見えません。私はぼーっとしながら「もっとちゃんと見たいな」と思っていると、なんと、壁からポンとその青緑の龍が飛び出してきたのです。

夢を見ているのかもしれないとも思いましたが、家の前の道路を走る、車の音が聞こえているので、夢ではありません。

ただ、その龍が、なんとなくプロジェクションマッピングのような感じにも見えたので、「これを天井に映したら、もっと大きい龍が見えるのかな?」と思った瞬間、白いエネルギー体のような大きな龍がふわっと現れて、寝ている布団の上ギリギリに8の字を描くように動き始めたのです。

「これは、しっかり見なければ！」と思い眼鏡をかけたところ、龍は消えていなくなってしまいました。

不思議な体験でしたが、**「絶対に一目見てみたい」という気持ちに応えてくれた**のでしょう。見えない世界は私たちのお願い事を聞いてくれるのですね。

お手本になる人は、幸せの道を教えてくれるキーパーソン

うまくいかないことが続くと、見えない世界は、お手本になる人を送り込んでくれることがあります。

20代の頃の私は恋愛も仕事もうまくいかず、見えない世界に向かって、「幸せになりたい。どうしたら幸せになれるか教えてください」と願っていました。

その頃、ある一人の女性と出会いました。彼女は友達の友達で、アメリカ行きのビザ取得のため、3か月間だけ日本に帰国していましたが、その時に彼女が開いた食事会で知り合いました。

そこには男性もいて、ちょっぴり合コンのような雰囲気もありました。しかし、私は可愛くてキラキラしていた彼女が気になって仕方なく、気づいたら二人でずっとおしゃべりをしていました。どうやら、彼女のほうも私に興味を持ってくれ

ていたようで、連絡先を交換し、アメリカに戻るまでの3か月間、ほぼ毎日といっていいくらい一緒に過ごしたのです。

彼女にはアメリカ人の彼氏がいて、とても大切にされていました。でも、はたから見るとわがままタイプ。自分の欲に対して忠実で、「私はこれがいい」というものがハッキリしていました。

彼女は、男性は自分を大切にしてくれるのが当たり前と思っていて、アメリカのビザ取得にかかるお金も、往復の飛行機代も、「彼が私と一緒にアメリカで過ごしたいからと出してくれた」と言っていました。

一方、当時の私は「自分」というものがなく、彼女の質問に対して、「○○ちゃんに合わせるよ！」「どっちでもいいよ！」と答えていたのですが、そのたびに、「あなたはどうしたい？　あなたはどう思っているの？」と聞くのです。

今思うと、本音を言うレッスンをしてくれていたような感じでした。私は彼女との会話で自分の気持ちに意識を向けるようになり、少しずつ本音を言えるようになっていきました。

こうして、彼女からは、**自分の好きなもの、欲しいもの、やりたいことがいつ**

も明確であることが、愛されるポイントだと学ばせてもらいました。

そんな彼女がニューヨークに行くことになり、寂しくなるな、と思っていたら、転職した先に、またお手本となる女性がいたのです。

彼女とはとても気が合い、職場のみならず、仕事帰りに食事をするなど、休日も遊ぶくらい仲良くなりましたが、そんな彼女もやっぱりわがままタイプ。だけど、愛されキャラなのです。

印象的だったのは、職場のみんなで歓送迎会をした時のこと、1次会が終わり、お会計も済んで2次会へみんなが移動しているのに、彼女は席に座ってまだ食べていました。

小心者の私はひやひやして、彼女に「早く出ようよ」と声をかけましたが、「だって、食べたいんだもん」と言って、誰に遠慮することなく食べ続けています。

その様子を見た社長が「ゆっくり食べていいんだよ！」と笑顔で声をかけていて、あんなふうに美味しそうに幸せそうに食べている姿を見たら、社長も嬉しくなるんだろうな、と感じました。

そんな彼女からは、**他人は関係なく自分がやりたいことをするのが大事で、それが愛される秘訣**だと学ばせてもらいました。

二人と出会った当初は、わがままなのになぜこんなに愛されるんだろう、うらやましいな、という気持ちでしたが、いつの間にか「素敵だな、お手本にしたいな」と思うようになり、彼女たちのいい部分を見ているうちに、気がついたら自分も似たような振る舞いができるようになっていました（脳には、他人の行動を見て、鏡のように同じ反応をする「ミラーニューロン」という神経細胞がありますが、きっとミラーニューロンが働いたのだと思います）。

今思えば、**天使さんや妖精さん、龍神さんなどが、恋愛や仕事で凹んでいた私に、「こんなふうに生きるとうまくいくよ」というお手本となる人を用意してくれたのかもしれない、**と思うのです。

身近な気になる人こそ、見えない世界が送ってくれたキーパーソン。「幸せになる道は、こっちだよ～！」と教えてくれているのですね。

ピンチの時に必ず現れる、見えない世界からの助け船

私は子どもの頃から、ピンチに陥ると、なぜか助けてくれる人が現れていました。当時は気づきませんでしたが、今考えると、それは見えない世界からの助け舟だったと思うのです。

思い出せる最初の記憶は、小学生の時。不審者が多発していた時期で、親や学校の先生たちから、「白い軽自動車には気をつけてね」「ヘンな人に声をかけられたら逃げなさい」と言われていました。

そんなある日、大通りを歩いて学校から帰っていたら、一人のおじさんに「チリ紙、持ってる?」と聞かれました。おじさんのしゃべり方が訛《なま》っていて、「チリ紙」が「釣り具屋」に聞こえてしまった私は、「釣り具屋は、パパとこないだ行ったけど、この辺にはないよ」と答えました。

おじさんは、「釣り具屋じゃなくて、チリ紙だよ」と言うのですが、私にはどうしても釣り具屋にしか聞こえなくて話が噛み合わずに困っていると、近所の上級生の男の子が走ってきて、「何やってるの？　一緒に帰ろう」と言って、手を引っ張って連れて行ってくれました。

男の子に、「おじさんに、なんて言われたの？」と聞かれたので、「『釣り具屋はない？』って聞かれた」というと、「それ、釣り具屋じゃなくて、チリ紙だよ。そんなことを聞いてくるのは、不審者だよ！」と言われ、その男の子がいなければ、どうなっていたことか、と思ったことを覚えています。

もうひとつのお話です。私は、中学生と高校生の時に仲間外れにあい、学校では一人寂しい思いをしていました。

けれど、どちらの場合も、仲間外れにあった数日後、その様子を見ていた子がいて、「最近一人でいるけど、どうしたの？　もしかしたら、仲間外れにされてるの？　もしそうだったら、私と一緒にいればいいよ！」と声をかけてくれたのです（二人とも、ほとんどしゃべったことがない子だったので、話しかけられた時は本当にびっくりしました）。
そのおかげで、その友達と仲良くなり、プライベートでも遊ぶようになって学校生活をなんとか過ごすことができました。

見えない世界は、どんな時も私たちの味方でいてくれるのです。

miracle work

1

あなたは、どんな未来を思い描いていますか？
次の質問に答えて、見えない世界があなたに送っているサインに気づきましょう。

あなたの周りにいる素敵な人、憧れる人は誰ですか？

その人のどんな部分が素敵だと感じますか？　憧れポイントはなんですか？

「この人素敵だな」「あんな人になりたい」そう思える人が身近にいたら、それは素敵な未来へと導いてくれる、お手本となる人かもしれません。取り入れたい部分はどんどん真似て、なりたいあなたに近づきましょう。

Chapter

2

「感じる心」を取り戻す

心を麻痺させて生きたどん底の20代

今こうして、直感を受け取りながらカードリーディングをしてメッセージをお届けするお仕事をさせていただいていますが、「はじめに」でもお伝えした通り、以前の私は仕事も恋愛もうまくいかず、迷いのなかにいました。

私は高校卒業後、地元青森で働き始めました。本当はファッションの専門学校に行きたかったのですが、親が経営していた会社が倒産し、学費を出してもらえる状況になかったため、働くことにしたのです。

さらに、両親の離婚も重なり、母子家庭に。当時、妹は小学生でまだまだ手がかかる年齢。親には一切頼れないという状況のなか、「私が頑張らなくちゃいけない！」というハングリー精神で、友達から誘われたアルバイトや派遣の仕事を転々としながら、約4年間、地元で過ごしました。

そうしたなか、**いつも心には「東京に住みたい！」という思いがありました。**

子どもの頃からよく千葉に住んでいる叔父さんの家に遊びに行っていたのですが、そのたびにディズニーランドや原宿に連れて行ってもらったこともあり、東京は楽しい場所というイメージがあったのです。

また、背が高くて、黙っていても目立ってしまう私は、周りから「でか〜っ」と言われたりしていて、いつも人目を気にして生きていました。でも、東京に行ったらオシャレで背が高い人もいっぱいいるし、外見を気にせず、もっと自由に自分らしく生きられるのではないか、とも思っていました。

実際、中学校3年生の進路を決める時期に、東京の高校に進学したいと真剣に考えていたくらい東京に憧れていたのです。

そんななか、高校を卒業してから地元で付き合っていた彼と東京に住もうということになり、実際、物件の契約までしましたが、何かが違う、タイミングは今じゃないと感じ、東京行きをやめました。

その後、ある会社の契約社員として働いていたら、所長さんに「会社としては、正社員になるなら推薦《すいせん》するけど、契約社員のままでいたいならやめてくれたほうが助かるんだけど……」と言われ、その時「ここをやめて、今が東京に行くタイミングだ！」と感じたのです。

その気持ちに迷いはなく、私は東京で働いていた幼なじみを頼って上京。付き合っていた彼とはなんとなくすれ違うようになってお別れし、幼なじみの家に転がりこんで就職先と引越し先を見つけ、東京での社会人生活がスタートしました。子どもの頃からいつか行きたいと思っていた東京。その東京に来ることができて、やっと人生が始まったような気がしたのです。

実際、東京のエネルギーは私に合っていて、青森にいた頃よりも積極的に行動できるようになりました。

ただ、どこにいってもなぜか理不尽なことを言われたり、パワハラにあったり、人間関係でトラブルにあうのです。

ある職場では、「あなたじゃなくて、○○さんならもっと売り上げを伸ばせるのに」と比べられるようなことを言われたり、同じグループの後輩男性が在庫を運ぶのを手伝ってくれると、それを見た女性の先輩から、「なんで、彼女のことだけ手伝うの？」と目の敵にされるようなことが続いたりして、心が病んでしまいました。

今思えば、相手に何を言われても自分の捉え方ひとつでどうにでもなることがわかるのですが、当時は人にどう見られるか、ということばかりに意識が向いていました。

人の顔色ばかりうかがって、どんどん自信がなくなっていった私は、自分の気持ちがわからなくなってしまったのです。

そんな状態では、当然、恋愛もうまくいくわけがありません。

20代の頃に、今の旦那さんと知り合って付き合い始めましたが、彼からの連絡は1週間に1回くらいしかないし、月に1回会えればいいという感じ。正直、付き合っているのかどうかわからない状況でした。

なかなかデートができないので、彼から突然「今日会える？」と連絡があると、全部の予定をキャンセルして彼に会いに行くようになり、なんだか都合のいい女のような扱いをされていたのです。

でも、彼のことが好きなので別れることもできず、我慢と忍耐の日々。

仕事が終わって家に帰ってきても、疲れ切って食事を作る気力もありません。食料を買うためにコンビニへ行くのですが、棚を見ても食べたいものもわからず、選ぶことすら面倒くさくなり、おにぎりとサラダという、いつも同じ組み合わせを惰性《だせい》で選ぶようになりました。

本来は好きなはずの洋服も、何を着たいかがわからなくなり、マネキンが着ている洋服を上から下まで全部買いそろえる有り様。

そんなことを繰り返していたら、150万円の借金を作ってしまいました。

とにかく「自分」というものがない状態。自分を出してはいけない、目立ってはいけない、相手の言うことを聞かなければいけない……。

自分の気持ちがわからない、感じていることがわからない、というふうに感覚が麻痺していきました。

そうして、私は「感じる」ことをシャットアウトしていったのです。

直感と思考の見分け方

未来が見えないどん底の20代を送っていた私は、やりたいことをやるまでに葛《かっ》藤《とう》があって、なかなか行動に移すことができませんでした。

失敗したらどうしよう、損したくない、みんなにヘンな人だと思われたくない、という気持ちがあるので、行動にストップがかかってしまうのです。

たとえば、「このバッグ可愛い～」と思っても、「ちょっと可愛すぎるかな。周りの人に、似合わないって思われたら嫌だな」という考えが出てくるので、思い切った買い物ができません。

そう、これが直感を阻《はば》む思考です。

誰にでも直感は降りているのですが、そのあとにすぐ思考が湧いてくるので、直感がかき消されてしまうのです。

直感は最初に出てくるもので、そのあとに出てくるものは思考です。

例をあげてみますね。

直感「このセミナー、気になる～」
思考「でも、値段も高いし、今聞かなくてもいいかな」
直感「この洋服、素敵！」
思考「でも、似合うかな？」
直感「インスタライブ、やってみたいな」
思考「でも、恥ずかしい」

あとから出てくる「でも」がつくほうが思考ですね。意識的に、自分が思っていることを観察して、直感と思考を見分けてみましょう。
この区別がつくようになると、自分が感じていることがわかってきます。

好きなことがわからないなら、まず休む

個人セッションでも「何を仕事にしたいのかわかりません」「興味を持てるものが見つかりません」というご相談はとても多いです。以前の私もそうだったので、そのお気持ち、よくわかります。

そういう時は、とにかく休みましょう。心も体も疲れているので、感覚が鈍っているのです。

何にも興味を持てないのであれば、おそらく今、毎日を生きていくのに精いっぱいで、好きなことや趣味などに意識が向かないのではないでしょうか。

その場合は、ぜひ**心と体の余白を作ってみてほしい**のです。

私は、パワハラにあって職場をやめたあと、実は、約7か月間、何もせず家でぼぉーっと過ごしていたことがありました。

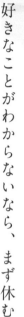

ビーズクッションの上に寝っ転がって、アイスを食べたり、誰かのインスタライブをずっと見続けたり……。お仕事につながるわけでもない、なんの生産性もない日々をずっと過ごしていたのです。

その様子をはたから見たら、「やる気がないダメ人間」に見えたでしょう。それでも、疲れた心と体にとにかく休息を与え続けました。

すると、そのうちどんどんエネルギーがたまってきて、そういえばコーヒーが好きだったからカフェで働いてみよう、ちょっと占いやってみたいな、など、「好き」の気持ちが少しずつ戻ってきたのです。

人間はある程度の暇や余裕がないと、生活することでいっぱいいっぱいになり、「好きなこと」にまで意識が向かないと思うのです。とくに、どん底の時は気持ちも落ち込んでいるので、そういう時に「好きなこと」を見つけようとしても見つかりません。

自分では気づけなくても疲れている人は多いので、意識的に心と体の余白をとってみてくださいね。

感じたことを無視しない

感じたことを、なかったことにしていませんか?

たとえば、「あんなこと言われて悲しかった」「なんで、私に八つ当たりするの?ひどい!」など。

でも、やっぱり私がいけなかったのかもしれない、怒ってはいけない、と思ってしまうと、何も言えず我慢することになってしまいます。


私も以前は、自分が我慢すればいいと、感じたことをなきものにしていました。

でも、感じているのは自分なのに、その感じたことを無視するのは、自分を否定していることだと気づいたのです。


自己否定している状態は、すごくエネルギーを消耗します。悲しい、嫌だなどの思いがありながら、それをなかったことにするというのは、車でいうと、ブレーキとアクセルを両方踏んでいるような状態。前に進めないのにエンジンをふかしたら、故障の原因になりますね。

それと同様、自分を否定していると、疲れがたまって元気がなくなったり、やる気が出なかったりして、体調を崩したり、心が苦しくなったりしてしまうのです。

それは「自分を大切にしてね」という見えない世界からのサインなのですが、そこに気づけず、さらに、自分を責めたり、「自分なんて」と思ってしまったりすると、周りから理不尽な扱いをされるような出来事が雪崩《なだれ》のように起こり、どんどん負のループにはまってしまいます。

まずは自分の感情や思いを感じてあげましょう。

「あの人、嫌い」

「あれが嫌だった」

「あんなことされて、悲しかった」

「なんか、むかつく」

「全然笑えないし、面白くない」

「バカにしないで！」

「その態度、気持ち悪い」

「自分勝手すぎるよ！」

など、ジャッジせずに、その時に感じたこと、思ったことをただただ感じるだけでOK。

エネルギーを消耗しないためにも、まずは自分を大切にする。**自分の感じたことを否定せず、感じてあげることが大事です。**

とくに私たちは、誰かに対して攻撃的な気持ちを向けることに罪悪感を持ちやすいので、「あの人、嫌い」と思ったり、嫉妬したりする自分はダメだと思いがち。でも、そうして本音を否定していると、本音に気づくためにいつまでも嫌な人が現れ続けます。


私も、パワハラをされている相手に、「人間はみんな、本当は悪い人なんていないんだから、嫌いなんて思っちゃダメ」と思っていました。だから、どの職場にいってもなぜかパワハラにあっていたのです。

嫌いな人、嫌いなものに対して「嫌い」「イヤだ」と思うのは当然のこと。相手に「嫌い」と言わなければいいだけで、頭のなかは何を考えても自由ですよね。**自分の思いは自分のもの。嫌いと思っていい、何を感じても、何を思ってもいいのです。**

私自身、心の底からそう思えた時、心がふわっと解放されました。

もし自分を否定してしまっても、大丈夫。「自分のことをダメだって思ってるんだね。そう思う時もあるよね」と自分で自分に寄り添ってあげてくださいね。

自分が言われたら嬉しい言葉、ほっとする言葉を自分にかけてあげることで、安心感が生まれ、自分が自分のことを好きになっていきます。

どんな自分も無条件で受け入れていきましょう。

今の自分、あるがままの自分で大丈夫です。

本音を言うと喜ばれる

感じることを否定せず受け入れていくと、本音が出てきます。とはいえ、本音をすぐに言えるようになるには、まだまだハードルが高いもの。

私も本音を言うのが苦手です。

以前は、本音を言ってもどうせわかってくれない、否定される、と思っていたので、偽《いつわ》った自分で関わる癖があり、人と会うと気を使ってしまって、いつも疲れていました。

でも、ある出来事をきっかけに、本音が少しずつ言えるようになったのです。

それは、20代の頃、職場の女性の同僚と三人で、渋谷で飲んでいた時のこと。終電を逃してしまい、朝までみんなでマクドナルドで夜を明かすことになりました。

二人の同僚は優しいけれど、本音でズバズバ言いたいことを言える人たち。本音が言えない私の「お手本」だったのかもしれませんが、私は彼女たちに自分のことはあまり話さず、いつも聞き役に回っていました。

しかし、朝までたっぷり時間がある状況になり、二人はついに私に興味を持ち出して、「そういえば、彼氏いるの?」「どんな人?」と聞いてきたのです。

本当のことを話してしまおうかと迷いましたが、当時、彼(今の旦那さん)に都合のいい女のように扱われていたので、「そんなやつ、やめなよ」「遊ばれてるよ」と言われそうで、私はかたくなに口を閉ざしていました。

けれど、二人はそんな私を面白がって「教えてよ! 教えてよ!」と1時間くらい、しつこく言い続けてきます。

その状況に私は耐えられなくなり、腹の底から、

「うるせぇな〜!」

と言ってしまいました。

するとそんなことを言うキャラではない私が本音を言ったことで、二人はび

つくりすると同時に、大爆笑。

私が本音を言ったことが嬉しかったようで、「うわ～、今、『うるせぇな～!』って言われた～(笑)」と言って、とても喜んでくれたのです。


私はその様子を見て、**「あれ? 本音を言うと、相手は喜ぶんだ!」**と気づき、それ以来、その同僚たちの前では、本音でなんでも言えるようになりました。

本音を言っても嫌われない、逆に喜ばれる体験をしたことで、私の殻がひとつむけたのです。

もしかしたら、見えない世界のものたちが、同僚たちを使って、私に本音を言う練習をさせてくれたのかもしれません。


彼氏や旦那さん、友人などに本音を言えない人も多いと思いますが、少しずつ、気持ちを伝える練習をしていきましょう。

この星、地球ではテレパシーが使えないので、どんなに長い時間一緒にいても、思っていることは口にしないと伝わらないことがほとんどです。

私も旦那さんと恋人同士だった頃は、彼に合わせたり、言いたいことをあまり言わずにいたりしました。でも最終的に不満がたまってしまうので、どこかのタイミングで爆発して、喧嘩になってしまうのです。

そうした経験を積み重ねて、今は不満が爆発する前に、小出しにして伝えています。

彼に本音を言って嫌われたらどうしよう、と不安になるかもしれませんが、もし思っていることを伝えて、それに向き合ってくれない相手なら、所詮合わない人ということです。そんな人と一緒にいるくらいなら、もっと自分に合う人と一緒にいたほうが幸せになれますよね。

あなたが幸せになるためにも、少しずつ本音を伝える練習をしていきましょう。

できないことは「できない」と言っていい

認めてもらいたい、愛されたいという気持ちから、ついつい頑張ってしまうことって、ありますよね。仕事も「もっと頑張れるはず」とやりすぎてしまったり、恋愛も相手に尽くしすぎてしまったり。

でも実は、頑張らなくても愛される、というか、頑張らないほうが愛されます。

ちょっと考えてみてください。完璧な人と、ちょっと抜けている人、どっちが親しみやすいですか？

ちょっと抜けているくらいのほうが、安心感もあって可愛いですよね。

とくに男性はヒーロー願望があるので、なんでもやってあげたい生き物。自分が相手に与えることで、価値を感じます。

だとしたら、女性は頑張らないほうがいろいろやってもらえたり、助けてもらえたりしますよね。

しかも、そのほうが男性もご機嫌でお互いに幸せになれるのです。**できないことを必死で頑張って克服しようとするよりは、「できない」と言って相談したり、たくさんお願いしたりしたほうが、愛される**のです。

私も以前は、彼にいろいろお願いするのは申し訳ないし、頼むより自分でやったほうが早いと思っていたので、自分一人で頑張っていました。

でも、それをやり続けたら、永遠にいいパートナーシップを築けないと思い、勇気を出して、頑張りすぎてしまうことは、相手に相談しようと思ったのです。

たとえば、「私ばっかり忙しくて、少しはあなたも手伝ってよ！」と言うと、「俺も忙しいんだよ！」と喧嘩になってしまいますが、「仕事から帰ってきて疲れている時にご飯を作るのが大変なの。何かいい方法ないかな？」と相談してみます。

すると、「週末は外食にしよう」「スーパーのお惣菜を買ってみたらどうかな」「たまには俺も作るよ」など、いい方法を見つけてくれるかもしれません。

こんなふうに、不満を言うのではなく相談します。**基本、男性は女性の役に立**

ちたい生き物なので、女性から相談されたらなんとかして力になろうと頑張ってくれるはずです。

私たちは、「できないことはよくない」「できるまで頑張らないといけない」という教育を受けているので、頑張る癖がついている人は多いのですが、みんながみんな完璧にできたら、この世の中、面白くないですよね。

重い荷物を運ぶ筋力がないから筋力のある人が荷物を持ってくれるし、料理が苦手な人がいるから料理上手な人が美味しい料理を提供できるし、動画編集が苦手な人がいるから得意な人が仕事にできるし……。

世の中は、それぞれができることが違うからこそ、パズルのピースがはまるようになっています。

頑張らなくて大丈夫。できない自分を認めて、できないことは「できない」と言って、相談する癖をつけていきましょう。

怒ることに抵抗があるなら、怒る練習をする

相手に自分の気持ちを伝えることはとても大切ですが、怒っている気持ちはなかなか伝えにくいですよね。

とくに、イライラしてはいけない、怒ってはいけないと思っている人が、「私は怒っている」ということを相手に伝えるのはハードルが高いので、ここは練習が必要です。

私自身も、怒る練習をしました。少しでも、「私は怒っている」という本音を出すようにしたのです。

最初は、なかなかその場で怒りが出てこなかったので、家に帰ってきてから嫌だった時のことを思い出して、「あの時、嫌だったー!!」と怒りを出しました。

それに慣れてきたら、その場で「あー」でも「えっ?」でもいいので、ひとこ

とても意思表示をしておきます。とりあえず、何か言葉を発しておくだけでも気持ちが楽になります。

「あー」「えっ？」が言えるようになったら、「いや、ちょっと」「いや、なんかそういうわけじゃないんだよね」と少しずつ気持ちを出すようにしていきましょう。**本当は怒っているのに、いい顔をすることだけはやめましょうね。**

60ページのエピソードにもあるように、そもそも怒ることに抵抗がない人は、実は本音を話してくれたほうが嬉しいのです。何も言わずに陰口を叩かれるより、本音を言い合ったほうがいい関係が築けると思っています。

怒りも大切な本音ですから、少しずつ意思表示の練習をしていきましょう。

小さな我慢を見過ごさない

本音を伝えたいけど、本音がわからないという人もいますよね。

そういう時は、まず普段の小さな思いを我慢しないことです。

たとえば、カフェで通された席がなんとなく居心地が悪かったり、クーラーの風が効きすぎていて寒いと感じたりしたら、「席を替えてほしいな」「クーラーの温度を上げてほしいな」と思うでしょう。

でも、忙しい店員さんにお願いするのは申し訳ないからと、そのままなかったことにしていないでしょうか。

たしかに、我慢すればなんとかなってしまう出来事ではありますが、私はこういう時こそ、我慢せず伝えるようにしています。伝えてみて、実際に席を替えてもらえるか、クーラーの温度を調節してもらえるかはわかりません。そこは相手

の自由なので、どっちでもいいのです。

もし席を替えてくれたり、クーラーの温度を上げてくれたりしたらラッキーくらいの気持ちで伝えてみましょう。

大切なのは、自分のために伝えるということ。自分のことを守れるのは自分しかいないからです。自分が今不快を感じているのなら、結果はどうであれ、伝えるということが大事。その積み重ねで、自分を好きになっていきます。

次に、日常のなかで見過ごしてしまいがちな小さな我慢への対処法をあげてみました。

・トイレに行きたいなら我慢せずに、トイレに行く
・眠くなったら、ちょっとお昼寝をする
・おなかがすいたらご飯を食べる
・おなかがすいていないなら、食事の時間でも無理に食べない
・おなかがいっぱいになったら、残してもいい。無理して食べない

・寒いと思ったら、1枚服を着こむか暖房をつけるなどしてあたたまる
・暑いと思ったら、服を1枚脱いだりクーラーをつけたりする
・のどがかわいたら水を飲む
・疲れている時や気が乗らない時は、誘いを断る
・合わない人に無理して合わせない
・心や体が疲れている時は無理せず休む
・体の痛みや不調を感じたら、我慢せずに早めに病院へ行く
・欲しい物を買うのを我慢しそうになったら、買える範囲で自分に買ってあげる
・自分よりも周りの人を優先しそうになったら、なるべく先に自分を優先する

どうでしょうか？　忙しいから、面倒くさいからといって、小さな我慢を見過ごしていないでしょうか？

日常のなかのささいなことも、すべてあなたから湧き出た思いです。小さな我慢に気づいて、感じる心を取り戻していきましょう。

人と比べて落ち込む時は、自分の「思い」にフォーカスする

「人と比べるのはよくない」と言われますが、そう言われると「人と比べてしまう自分って、ダメだ……」と落ち込みませんか？

私は、比べることはOKだと思っています。比べないとわからないことも、いっぱいあるからです。

たとえば、買い物をする時も、「どっちがいいかな？」「どっちがかわいいかな？」「どっちが似合うかな？」と比べるから欲しいものがわかるし、レストランでメニューを選ぶ時も、「どれが食べたいかな？」「どっちが美味しそうかな？」と比べるから、食べたいものがわかります。

つまり、比べるからこそどうしたいかがわかるのです。

ただ、比べる対象が人になると、「私ってダメだな」と思ってしまいがち。た

とえば、いつもたくさんの友達に囲まれている人と、ぽつんと一人でいることが多い自分を比べて、「私って、人気がないのかな」などと思ったりすることもあるでしょう。

自分を責めてしまういつものパターンが出てきたら、**「じゃあ、自分はどうなりたい？」**と問いかけてみてください。

大事なのは、ここで感じる「思い」です。

もっと必要とされたい、認められたい、と思う人もいれば、実は一人のほうが楽、いつも人と一緒にいたら疲れちゃう、と思うかもしれません。

これが本音です。その思いにいいも悪いもありませんから、**出てきた思いに寄り添って、受け入れてみてください。「そうだよね。わかるよ」と。**

とてもシンプルなことだけど、ほっと安心して心がほぐれる感覚になるのがわかると思います。

憧れの人がいるならば、あなたもそのタネを持っている

「あの人の生き方、素敵だな。私もあんなふうになりたいな」

そう思い浮かぶ人がいたら、あなたもそうなれるタネを持っている証拠。素敵だなと思う部分に共鳴しているから、憧れるのです。憧れの人が、雲の上の人のように感じる有名人であっても、あなたはそうなれるタネを持っています。

信じられないかもしれませんが、「憧れている部分は、実は、私のなかにもあるんだ」と受け入れてみてください。自分のなかのタネを否定せずに受け入れると、そのタネが開花していきます。

そして、そのタネを開花させるコツは、憧れの人の素敵だなと思う部分をお手本にして、インストールすること。なぜなら、**この世界は自分が主役で、他人は全部サンプル**だからです。

実際本当に、主役は自分なのです。

自分の人生は自分しか体験できないし、自分しか感じられないですよね。ご飯を食べて美味しいと感じるのも自分にしかできないし、幸せを感じるのも自分にしかできません。

自分の人生を生きられるのは自分だけですから、自分のこうしたい、こうなりたいという思いに沿って生きていいのです。

憧れる誰かも、外の世界に存在する人。それらはサンプルですから、いい部分は取り入れて、自分が望むほうへ進んでいきましょう。

そうは言っても、まさか自分が憧れの人と同じだなんて思えない、どうしても受け入れることができないという人は、無理せず受け入れられない自分を受け入れてあげてください。

「今は受け入れられないな」「今は信じられないな」とそのままの素直な気持ちを受け入れてみてください。どんな自分も無条件に受け入れていくことで、あなたのなかのタネは開花していきます。

満ちた感覚がなくても「愛されていた」ことにする

ご相談いただく内容を見ていくと、多くの人が、親子関係のなかで生まれた溝をそのまま放置しているように感じます。

私たちは、親、とくに母親から愛された感覚がないと、どうやって自分を大切にしていいかわからない、どうやって自分を愛していいかわからない状態に陥りがち。その状態で恋愛をすると、相手に「愛してほしい」「大切にしてほしい」「私を見てほしい」と求めてしまうので、自己愛を相手にぶつけてうまくいかなくなってしまいます。

幸せな恋愛、いい人間関係を築くには、先ほどもお伝えしたように、感じたことをなきものにせず、どんな自分も無条件で受け入れることが欠かせません。

今の自分をありのまま受け入れることができるようになると、自然と自分を愛せるようになっていきます。

どんな自分も無条件で受け入れることは、必ず実践してほしいのですが、それと同時にぜひやってみてほしいのが、**わからなくても「愛されていた」ことにする、**ということ。

実は私もつい最近まで、母との確執を手放せずにいたのですが、旦那さんのある言動から大喧嘩をして家を飛び出した出来事がきっかけで、母に愛されていたことに気づいたのです。

その時は、旦那さんともう後戻りできないような状態になり、私は妹の住む東京の家に1か月半くらい居候をさせてもらいました。

旦那さんと二人で話し合う気力もなく、初めて母に泣きながら旦那さんとのことを電話で話し、間に入ってほしいとお願いしたのです。

どちらかというと、子どもに干渉しないタイプの母だったので、突き放されると思ったのですが、母は真剣に私の話を聞いてくれて、私を大切にしなかった旦那さんの行動に対して「許せない！」と怒ってくれました。

私は、母が私を大事に思ってくれていたことが嬉しくて、この時初めて、**「母**

といえども一人の人間だし、愛情表現の仕方は違って当たり前。私が母の愛を受け取れていなかっただけで、本当は愛されていたんだ」と気づいたのです。

人によっては一生かけても母親の愛を理解できないかもしれません。それでも母親は母親なりの愛の表現をしているのだと思うのです。

私たちも、子どもやパートナーに対して、素直に「心配しているよ」と言えばいいところを、「そんなことして、どうするの?」など、ひねくれて伝えてしまうことってありますよね。

それと同じで、親の愛情表現が下手なゆえに、子どもは「愛されてない」と勘違いしてしまうのです。

それを子どもの時に理解できないのは当然ですが、そこには愛があります。だから、「愛されていた」ということにするのです。

不思議ですが、「愛されていた」という前提にすると、たとえば母親との電話で切る間際に言ってくれたひとことに愛を感じたりなど、愛されていた証拠が見つかってくるのです。

反対に「愛されていなかった」という前提だと、「やっぱり母は自分勝手だ」など、愛されていない証拠が見つかっていきます。

私たちが意識を向けたものが現実にも現れてくるのです。だったら、「愛されていた」という前提で関わったほうが幸せではないでしょうか。

もちろん、母親をどうしても許せないという人もいるでしょう。その思いはそのまま感じてあげてくださいね。その上で、「愛されていたのかもしれない」と思えるならトライしてみましょう。思えなければそれで大丈夫。

その場合は、一人でほっとする時間を作ったりして、心に余白を作ってみましょう。すると、ご飯を作ってくれたり、掃除をしてくれたり、離れて暮らしている方なら時々電話をかけてきてくれたりする母親に、感謝が湧いてくるかもしれません。

心の余白をとりながら、親の愛を見つけていけるといいですね。

嫌なことが起こった時は、人のせいにしていい

あなたの周りに、不機嫌さを態度に出す人はいませんか？

たとえば、体調が悪くて休みたいと上司に申し出たらすごく嫌な顔をされたりなど。不機嫌な人とコミュニケーションをとるのは、ハードルが高いですよね。

私も、以前は不機嫌な相手に言いたいことを言い出せず、嫌なことも受け入れていました。でもある時、**相手が不機嫌そうにしている理由は、実のところわからない、**と思ったのです。

もしかしたら、おなかが痛いのかもしれないし、家で奥さんと喧嘩をしてきたのかもしれないし、満員電車の通勤で嫌な人がいたのかもしれないし、部下の要望に応えられない自分への罪悪感が湧いているのかもしれませんよね。不機嫌な理由は、本当にわからないのです。

スピリチュアルでは、「すべては自分の投影で、目の前の人も自分が創り出した人。自分が悪いから嫌な人を引き寄せる」と学びますし、心理学でも「他人は自分の写し鏡」と言われています。

たしかにそれはそうなのですが、そもそも自分を責める気質の人が、この考え方を採用すると、「相手が不機嫌ってことは、自分のどこが悪いんだろう」と、どんどん自分を責める方向に入り、沼にはまってしまいます。

では、どうしたらいいかというと、人のせいにしてください。

こんなことを言ったら怒られてしまうかもしれませんが、**普段から我慢して人に気を使ってしまう人は、人のせいにしたほうが絶対うまくいきます。**

私自身も、ずっと自分を責めて生きてきました。自分が悪いんだ、自分が直さなければいけないと、自分を否定していたのですが、それをやり続けていたら自分を愛せなくなり、苦しくなってしまったのです。

そもそも、自分を責める癖がある人は、優しい人です。

人のせいにする人もたくさんいるなかで、最終的に「自分が悪い」と反省し、自分が責任を負うことで自分を納得させるのですから、めちゃめちゃ性格がいいと思いませんか？

しいて言えば、優しくて、いい人すぎるのです。

自分を責める人は、たいてい自己肯定感が低いのですが、自己肯定感が低いことは決して悪いことではありません。それくらい、相手のエネルギーを読むことができる敏感な人ですから、精神性は高いのです。

このタイプの人は、人のせいにしてもわがままにはなりません。**そもそも人に気を使う優しさがあるので、少しくらいわがままになったほうが、自分への愛があふれてきます。**

自分勝手にはなりたくてもなれないので、安心してください。

自分を責めないでいたら、エネルギーは満ちてきます。

その場で相手に気持ちを言うか言わないかは別として、たとえば誰かに何か指摘されたなら、**態度では「すみません」と言いつつも、心の中では「私は悪くない。仕方ないこと！」と思って大丈夫。**

私もこのやり方を採用し、「自分のせいにすることをやめて、誰かや何かのせいにして生きていく」と宣言してから、だいぶ強くなりました。

できるなら、自分を責めてしまうような環境に身を置かないようにすると、どんどんエネルギーが自分に戻ってきます。

自分の魅力は他人が知っている

自分は平凡でなんの取り柄もないから、何もできないと思っている人もいますが、私は誰を見ても素敵だな、と思います。

自分を仲間外れにした人に対しても、「彼女はこういうところがあるから周りに人が集まるんだな」と分析したり、パワハラされた相手に対しても、「本当はすごく優しいところもあるんだよね」と思ったりします。

嫌な人のいい部分を見てしまうと、「本当は嫌い」という本音が出づらいので、それはどうかと自分でも思うのですが、**どんな人を見ても必ずいいところがある**のです。

「お話が上手だな～」

「人を癒す力を持っているな～」

「可愛いな～」

「センスがいいな～」

など、本当に誰もが魅力の塊です。

人と比べると、自分はたいしたことのない人間だと思ってしまうかもしれませんが、本当は誰もが違う人間なので、比べようがないのです。


では、自分の魅力はどうすればわかるのでしょうか？

実は、**自分の魅力は自分ではなかなか気づけませんが、他人が言葉にしてくれています**。たとえば、

「気がきくね」

「優しい雰囲気があるよね」

「なんか、話しやすいね」

「笑顔が可愛いね」

「誠実だよね」

「抜けてるところもあるけど、しっかりしてるところもあって、そのギャップが

いいね」

「人の話を聞ける人だね」

「センスがいいね」

など、周りの人が教えてくれることが、あなたの魅力です。


謙遜するよりも、人から言われた言葉を素直に受け取りましょう。受け取る練習をしていくことで、人から褒められたり、何かをしてもらったり、プレゼントしてもらえたりすることが不思議と増えてくると思います。

その時は、素直に「ありがとう」と言って、受け取ってくださいね。

自分が満ちると愛があふれ出す「シャンパンタワーの法則」

恋人ができると、彼に喜んでほしい、彼の役に立ちたいと、相手に尽くす女性も多いですよね。**尽くすことが悪いわけではないのですが、その前にまず自分を満たすことが大切**です。

ところで、シャンパンタワーの法則ってご存じですか？

シャンパンタワーとは、グラスをピラミッド状に積み重ねて、上からシャンパンを注ぐと、いっぱいになったグラスからシャンパンがあふれて、どんどん下の段までつながれていくというもの。結婚式やお祝い事などのイベントで見たことがある、という方もいらっしゃるかもしれません。

では、シャンパンタワーの一番上のグラスが自分、2段目は家族や恋人など身

近な人、3段目は友達や仲間、4段目は職場や社会と考えてみてください。

一番上のあなたが満たされると、そこから愛があふれ出して、2段目、3段目と、どんどん愛が広がっていきます。

つまり、**あなたが自分を満たすことで、家族や恋人、友達、仲間、社会へと周りに愛を与えることができるようになります。**満たされたあなたが周りに愛を与えることで、与えられた周りの人たちが満たされていくのです。

ですので、まずは自分が満たされている状態が大切。**満たされた状態で与えると、心地いいエネルギーが流れるので、エネルギーの循環が起こり、幸せな出来事が返ってきます。**

今あなたの心のグラスは、どれくらいのシャンパンが入っていますか?

半分以下でも、空でも大丈夫。状態によい、悪いはありませんから、ジャッジせずにただその状態を受け入れていきましょう。

まずはほっとリラックスしてから、自分を喜ばせることを自分のためにしてみてくださいね。

ワクワクすることよりも、ちょっと心地いいことをする

今、ワクワクが大事だよ、とよく言われますが、ワクワクがわからないと「ワクワクしない自分ってダメだ」と落ち込みませんか？

もちろんワクワクすることがあればいいのですが、ワクワクすることってそんなにたくさんはないと思うのです。

毎日ディズニーランドには行けないし、もし行けたとしてもさすがに飽きてしまいますよね。毎日美味しいお店で外食できたとしても、それを毎日食べていたら、ご飯とみそ汁と納豆が恋しくなりませんか？

刺激的なことは、毎日見つからなくて当たり前だし、それが日常になったら飽きてしまいます。

そこで私がしたことは、ワクワクよりも心と体が楽になること。

・いつもより睡眠を長くとる
・お昼寝をする
・アイスクリームを食べる
・ハーブティーを飲む
・美味しいスイーツを食べる
・りんごやシャインマスカットを食べる（果物が大好きなので）
・美味しいおせんべいを食べる
・気になっていた本を読む
・お花を飾る
・YouTubeで波の音や鳥のさえずりの音楽を聞く

ちょっと気分がよくなる、心地よくなる、そうしたことを日常に取り入れていったのです。

すると、自分の感性が戻ってきて、満たされるような感覚になりました。先ほどの「シャンパンタワーの法則」のように、心にコップがあるとしたら、そこにお水がどんどんたまっていって満たされていく感じです。

今の私のお気に入りの過ごし方は、一人で近くの大型ショッピングモールに行き、ウインドウショッピングをしたあと、フードコートでぼーっとしながら、抹茶ソフトクリームとチキンナゲットを食べること（笑）。

とくに何も買わなくても、季節やイベントごとに替わるショーウインドウの可愛いディスプレイを見るだけで心が浮き立ちますし、思考を止めて本気でぼーっとしながら好きなものを食べているだけで、心が満たされます。

総額５００円くらいで満たされるなんて、リーズナブルですよね！

ワクワクしなくても、楽しいこと、ほっとすること、心が少しでもウキッとすることをしてみましょう。

その程度で十分満たされていくのを感じられますよ。

五感を満たして体を喜ばせる

今、自分の体がどんな状態か知っていますか？
疲れている時は、無理せず休めていますか？

口で言うと簡単に聞こえますが、意外とできていない時もあると思います。毎日忙しく過ごしていると、つい自分を後回しにしてしまいますよね。すると、いつのまにか疲れがたまってしまったり、肩がこったりなど、体に不調が出てしまいます。

わりと多くの人が、体に意識を向けずに過ごしていますが、実は体は、「嬉しいな」「幸せだな」といった感覚を受け取る大切な場所。**体の感覚をちゃんと感じられるということは、幸せもちゃんとつかむことにつながるので、自分の体を優しくいたわってあげましょう。**

体は五感を感じる場所でもあるので、私は五感が心地いい状態になるように心がけています。

最近はまっているのは、エジプシャンオイル。古代エジプト時代に、王族や神官などが神の儀式で使っていたとされる神聖なオイルで、気品のある香りをかいでいると幸せな気持ちになります。香りも波動なので、よい香りは感覚を開いてくれます。

また、心地いい音を聞いたり、美しい色彩のものを目にしたり、美味しいものを味わって食べたり、入浴剤やお花の香り、アロマなどを嗅いだり、肌触りのいい生地をまとったりするのもいいですね。

他にも、定期的なマッサージはおすすめです。気持ちいい、あったかいなど、直接体の感覚を感じられるので、感覚を取り戻すには効果的。

真面目な方ほど、「自分が頑張れば」「あと少し我慢すれば」など、つい無理をしてしまいがちなので、意識的に体をケアしていきましょう。

メンヘラだって、いい恋愛はできる！

彼がちょっと冷たい感じがしたり、連絡がこなかったりすると、

「彼は、どう思ってるんだろう？」

「なんでもっと連絡くれないんだろう？」

「私のこと、本当に好きなのかな？」

と、彼の気持ちを疑ってしまいませんか？

私も以前は、恋愛になるとメンヘラ女子（重い女・めんどくさい女）が発動していたので、相手のことを気にするのはやめようと思い、とにかく一緒にいる時間を楽しむことに集中しました。


ただ、メンヘラがいけないわけではありません。**女性なら誰でもメンヘラな部分を持っている**と思うからです。

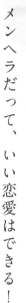

女性は生理があるので、どうしてもホルモンバランスが崩れやすいもの。体温も変われば、体調も気分も変わります。

ＰＭＳ（月経前症候群）の症状がある人は、イライラしたり、不安になったり、黙っていても涙が出てきたりと、1か月の⅓くらいは精神的・身体的に不調な状態。そんな時に、彼のちょっとした言動が気になってしまうのは、仕方ないことです。

メンヘラな部分が出てしまった時は、「これは、自分が悪いんじゃなくて、女性はそういう体の作りだからしょうがない」とメンヘラな自分を受け入れましょう。

メンヘラな自分を責めると苦しくなりますが、そういう体だから仕方ない、そのままでいい、と思うと安心しませんか？

疲れている時は、無理をせずゆっくり過ごしましょう。ほっと自分を安心させてなるべく自分を責めない環境を作ることで、メンヘラでも乗り越えていけます。

miracle work

②

「自分ってダメだな」と自分責めが始まった時は、
ありのままの自分に許可を出す練習がおすすめです。
左に自分のダメと思っている部分を、
右に「それでもいいよ」と書いて、自分を許していきましょう。

自分のダメと思っている部分

例）	人の目が気になる	→	それでもいいよ
	すぐ泣いちゃうメンヘラ女子	→	それでもいいよ

	→	
	→	
	→	
	→	
	→	

どうですか？ 少しほっとしませんか？ どんな自分も否定せず、全部受け入れていきましょう。

心を満たして、幸せのエネルギーを循環させてください。

Chapter

3

見えない世界のサインをキャッチする

未来のイメージをキャッチした時に共通していたこと

感じる心を取り戻すために取り組むことがわかったら、次はいよいよ見えない世界のサインをキャッチしていきましょう。

見えない世界は、「それで大丈夫だよ」「そっちじゃないよ」など、日々、私たちにいろいろなサインを送ってくれています。

でも、それはふとした瞬間に「なんとなく」やってくるので、気のせいと思ってつい見過ごしてしまいがち。

でも、**感じる心が戻ってくると、「なんとなく」の感覚がわかるようになるので、ちゃんとキャッチできるようになってきます。**

ここで、私が未来のビジョンを受け取った時の話をお届けします。

今の旦那さんと出会って1か月くらいの頃、初めて彼の家に遊びに行きソファに座っていたら、部屋に差し込んできた日差しがぽかぽかと心地よく、眠くなってしまいました。

彼はまどろんでいる私に、「ちょっと買い物に行ってくるね」と言って、私の頭をポンポンとしてくれたのですが、その時、二人で一緒に生活をしているような感覚が降りてきました。

この人と一緒に暮らしたら幸せになれる、というふわっとした感覚。とても自然で、彼が隣にいることがしっくりくる空気感。他の人には感じたことのないような居心地のいい感覚を受け取ったのです。

この時のことについて、最近、旦那さんに「あの時、本当は私のこと、どう思っていたの？」と聞いたところ、私とだったら結婚してもうまくいきそうだ、と思ってくれていたそうです。

当時は、完全に私が彼を追いかけていて、彼は遊んでいた状況。それなのに、こうした感覚を受け取ったということは、二人の生活が想像できる空気感をお互いにキャッチしていたのかもしれないな、と思うのです。

その後、まだまだ遊びたい彼と結婚したい私との間に溝ができ始め、うまくいかなくなるのですが、私は恋愛で幸せになりたくて、スピリチュアルや自己啓発などの本を読んでは、書かれていることを実践する日々を送っていました。

そのひとつとして、朝、シャワーを頭から浴びながら「私は日に日にどんどんよくなります」とアファメーションを唱えていると、突然ビジョンが浮かんできました。

彼と白いわんちゃんがソファに座ってテレビを見ていて、私はその横で洗濯物を干している、そんな映像が見えたのです。

「これが未来だったらいいいな〜」と思っていたのですが、なんと、その時のイメージがそのまま現実になりました。

彼と一緒に飼っていた白いわんちゃんはお空に帰ってしまいましたが、彼と結婚して暮らしている家は、まさにビジョンで見た家の雰囲気とそっくりで、洗濯物はベランダに干しています。

また、2023年に、KADOKAWAさんで初のセミナーをさせていただきましたが、この時も、お話をいただく前にビジョンを受け取っていました。

自分で編集したヒーリング動画を聞きながらお風呂に入っていたら、突然、会議室のような場所で、私の話を聞きにきてくれた人たちが「Aoさんありがとうございました」「Aoさんのおかげで幸せです」と涙を流しながら喜んでくれていて、私も「よかったね～」と感動している場面が浮かびました。

「このビジョンはなんだろう、もしかしたらみんなに会える機会があるのかな？」と思っていたら、その後、KADOKAWAの方から突然「イベントを開いてみませんか？」という連絡があり、現実になったのです。

この3回に共通している点は、リラックスしている時です。彼の家のソファでまどろんでいたり、シャワーやお風呂で体や心がゆるんでいたりした時に、インスピレーションはやってきました。

インスピレーションは誰にでも届いていますが、感覚が開いていないと、思考で打ち消してしまうもの。忙しい人ほど、リラックスする時間を意識的に作っていきましょう。

美味しい紅茶やコーヒーをぼーっとしながら飲んでみたり、ベッドに寝転がってホットアイマスクをしてみたり、わんちゃんや猫ちゃんと触れ合ったりして、**思考が働かない時間を1日5分でも作ってみましょう。**

思考を止めて体と心をゆるませると、その隙間にインスピレーションが降りやすくなりますよ。

「なんとなく」は見えない世界からのサイン

見えない世界からのサインというと、見えないものが見えたり、声が聞こえたりなど不思議体験をイメージするかもしれませんね。

たしかに、龍神さんや、妖精さん、天使さんのような姿が見えたらいいのですが、実は、**見えない世界は、日常のなかで私たちにいろいろなサインを送ってくれています。**

たとえば、本屋さんに行って自分に必要な本に出会うとか、なんとなく気になっていたことの情報がテレビから流れてくるとか、友達から立て続けに同じことを聞くなど。

私は、本屋さんに行く時は、「この本を買おう！」と決めて行くことはありません。

「なんとなく行ってみようかな〜」とふらふらと出かけ、表紙を見て「なんか、この本、気になるな」と思ったものを手に取ります。すると、そこに知りたかった内容が書かれていたりするのです。

また、調べたいことがある時も、「なんとなく、YouTubeでも見ようかな」と思って見るのですが、そのあとに自動再生で出てくる「おすすめ動画」に知りたいことのヒントがあったりします。

実は、この**「なんとなく」こそ、直感**といえるもの。

直感というと、宇宙から降ってくるひらめきのようなイメージがあるかもしれませんが、実際はそんなにハッキリわかるものではなく、「なんとなくこうしようかな」「なんとなくこっちに行こうかな」というふうに気がつけば導かれている感じです。

たとえば、旦那さんとの出会いも直感によるものでした。

当時、私は仲良くしていた男友達に、私の誕生日にケーキを一緒に食べて祝ってほしい、と伝えました。しかし彼はその日にもともと用事が入っていて、「ごめんね。お祝いできない」と断られてしまったのです。

結局、当日その男友達は時間の合間を縫って、誕生日プレゼントに私の好きなキャラクターのぬいぐるみを渡しに来てくれました。

でも、20代のわがままだった私は、理想通りに誕生日を祝ってもらえなかったことが悲しくて、その気持ちを聞いてもらおうと、ある女友達に電話をしました。するると、彼女が「今から出かけるところがあるから、一緒に行こうよ」と誘ってくれました。その出かけた先で今の旦那さんと出会ったのです。

男友達に望むようなお祝いをしてもらえず、悲しい気持ちを聞いてほしくてその女友達に電話をかけたのも、その子の誘いに乗って出かけようと思ったのも、極めて自然の流れでした。

ただひとつ言えることは、思考で「こうしよう」と思ったわけではないということ。「あっ、そうだあの子に電話してみよう」「楽しそうだから一緒に出かけてみよう」と、軽い気持ちでトントンと話が進んだのです。

直感は思考を挟みません。深く考えず、「なんとなくこうしてみよう」「なんとなく行ってみよう」といった自然の流れに身を任せると、幸せになる道に導いてくれるのです。

誰にでも見えない世界からのサインは送られています。「なんとなく」を意識的に拾っていきましょう。

「○○に呼ばれる」体験は誰もがしている

「神様に呼ばれたから○○神社に行く」「○○の土地に呼ばれた」などの言い方をすることがありますよね。

私も、カードリーディングをする際に、「もうすぐ素敵な人が現れるみたいです」「今までの努力が叶う、って言ってます」など、カードからメッセージを受け取ることがありますが、それを「カードが呼んでいる」という言い方をします。

視聴者さんからは、「Ａｏさんって、カードにどんなふうに呼ばれるんですか？声が聞こえるのですか？」と質問をされることもありますが、カードから「おーい！」と呼ばれたわけではありません（笑）。

「気がする」という状態、それが「呼ばれる」という感じです。

私のカードリーディングは、いろいろな種類のカードをたくさん並べながらメッセージを読み解いていきます。たくさんのカードたちのなかからそのカードが気になるのですから、それ自体、もう「呼ばれた」ということですよね。

私のなかでは「そう思ったら、それが答え」です。


他にも、ある特定の神社の名前を頻繁に耳にしたり、テレビで見た後に友達がその場所に行ってきた話を聞いて、自分もなんとなく気になったりするという場合は、「呼ばれている」のでしょう。

「あの場所は、呼ばれた人しか行けない」という話もありますが、**そもそも「行きたい」と思ったならすでに波長が合っているので、行きたいなら呼ばれている**のです。

私の例でいうと、ずっとハワイに行きたいなと思っていたら、ちょうど友達がハワイで結婚式を挙げることになり、招待されて行くことができました。

行きたいと思った時点で縁ができたり、その場所とエネルギーが合ったりすることが起きてくるのです。

ただし、**せっかく合った波長を打ち消してしまうのが、思考**です。たとえば、「今、円安で高いから海外には行けない」「忙しいから、そんなにスケジュールをあけられない」など。

行きたいと思った場所に行ったり、○○したいと思ったことを実践することで、何か新しい展開が待っていたり、素敵な出会いがあるかもしれませんが、思考はそうした見えない世界からのサインをいとも簡単に打ち消してしまうのです。

あなたの「なんか気になる」という気持ちを大切にしてください。

それは見えない世界からの招待。「呼ばれている」世界へ、一歩ずつ足を踏み入れていきましょう。

魂が震える感覚をキャッチする

見えない世界のサインとして、私が一番印象的だと思うのは「魂が震える感覚」です。

たとえば、美しい景色を見た時や、美しい絵や写真を見た時、楽しくて幸せな体験をしている時などに、「うわぁ〜」と自分の内側が振動し、体の神経が研ぎ澄まされていく感じがすることはありませんか？

人によっては、鳥肌が立つという人もいるかもしれません。

これは、魂が震えている感覚です。

私のオフィスの近所には、古くからの神社と湖があるのですが、その景色が好きで、私のお散歩コースになっています。

雨があがったある朝、晴れてきたのでいつも通りお散歩に行ってみました。

草木や地面が雨でぬれていたのですが、そこに太陽の光が当たって、まるでダイヤモンドをちりばめたかのようにキラキラと輝く様は神々しく、まるで天国のようでした。

その日、ちょうどお散歩をしながらインスタライブをしていたのですが、きっと「うわー」「やばい！」と、頭のてっぺんから声が出ていたと思います（笑）。

こうした感覚に出会った時は、あなたの内側にある魂を感じてみましょう。**意識を内側に向けて、魂が歓喜しているサインを受け取ってみてくださいね。**

「嫌だな」と思うことも、見えない世界からのサイン

見えない世界からのサインは、心地よさだけではありません。実は、「嫌だな」「苦手だな」など不快を感じるのも、立派なサイン。

「何がどう嫌なのか」をしっかり見ることで、自分は「どうしたいか」「どんな状況が心地いいのか」という本当の望みがわかってきます。

個人セッションでは、「今の職場が嫌だから転職したい」というご相談もよく受けますが、ただ職場が嫌だからやめるのではなく、嫌なことをちゃんと見ることが大切です。

たとえば、自分勝手で冷たい人が多いギスギスした職場が嫌なら、人を思いやるような優しい人たちが多い環境で和気あいあいと仕事をしたい、となるかもしれません。その場合、他の職場の雰囲気をリサーチした上で、転職活動をしても

いいでしょう。
傲慢《ごうまん》な上司に指図されたくないなら、自分のペースでのびのびと仕事をしたい、と思うかもしれません。その場合、自分の都合でなんとでもなる、起業という選択肢もありますね。

自分の望みが明確な人はいいのですが、わからない場合は、嫌なことをしっかり見ることでわかることも多いのです。

そして、自分の望みが明確なほうが、やっぱり叶いやすいと言えます。それは、カーナビに「楽しいところ」と入力しても目的地は定まりませんが、「ディズニーランド」と入力すれば、その場所にたどり着けるのと同じです。

ちなみに、嫌なことを我慢してその場にとどまろうとすると、病気や事故などのトラブルにあいやすくなります。私は起業してから風邪を一度もひいていないのですが、それまでは、毎年インフルエンザにかかっていました。それも、「ここじゃないよ」というサインなのですが、つらい思いをする前に、自分が嫌だと思っていることをしっかり見ていきましょう。

見えないものとつながる時の意識の使い方

私たちの意識は、すぐに外側を向いてしまうようにできています。

たとえば、家で静かに過ごしている時、上の階から小さなお子さんがバタバタと走っている音が聞こえてくると、意識は勝手にそちらに飛んでしまいます。

無意識に過ごしていると、私たちは誰かや何かが気になって注意散漫になってしまいますが、**見えない世界とつながる時の意識の矢印は、自分自身。**

自分の外側ではなく内側に意識を集中させることで、自分の深いところとつながり、見えない世界とのコネクションもできてきます。

そこで、自分自身に意識を集中させるおすすめの方法を2つご紹介します。

ひとつめは、みぞおちにぐっと力を入れる方法。注意散漫になっている時にやってみてください。すぐに自分自身に意識が戻ってくるのがわかると思います。

2つめの方法は、部屋の明かりは間接照明で薄暗くして、耳栓をして、ぼーっとしてみること。

私たちは意外と音や光の影響をうけているので、音と光を遮ると、高ぶっていた神経が落ち着きます。自分の内側に意識が向くので、瞑想状態のようになれて、疲れた時にもおすすめです。

私は、YouTubeでカードリーディングを撮影する前に、必ず自分に意識を集中させます。すると、「なんとなくそんな気がする」という感覚や、インスピレーションが降りやすくなるのです。

みなさんから「めちゃくちゃ当たっていました」「その通りになりました」というコメントをいただくことが多く嬉しい限りですが、こんなふうに、自分の内側につながると、見えない世界がサポートしてくれるようになるのですね。

効率より心地よさを選ぶ

いつも忙しかったり、考え事ばかりしていませんか？

体が疲れていても、やらなければいけないことがあると、ついそっちを優先して、効率的に生きようとしてしまう人も多いでしょう。

私も以前はそうでした。たとえば、仕事を終えて疲れて家に帰ってきても、今休むよりは先に洗濯機を回したり、散らかっている部屋を片付けたり、洗い物をしたりしたほうが効率がいいと思ってやってしまうのです。でも、結局疲れ果ててしまい、リラックスした時間がとれずじまいになっていました。

そこで、**疲れている時は、まずは座ってお茶を飲んでほっとする時間を10分でもとってから家事を再開する**ようにしました。

すると、エネルギーが充電されるので、スピーディーに動けるようになり、家事が終わったあとも心の余裕が残っていました。

それ以来、疲れていたら仕事で締め切りが迫っていても、いったん休むことにしています。

また、一人でＳＮＳの更新や物販の梱包作業、発送作業などに追われ、頭が重くなってしまう時には、いったん作業を止めてお昼寝をしてみます。

すると、頭がすっきりしてそのあと作業がはかどり、ちゃんと間に合わせることができます。


職場によっては、自分が休んだら仕事が滞ってしまうといった状況もあるでしょう。それでも体調が悪い時は無理して仕事に行くよりも、「ごめんなさい。ちょっと体調が悪いので、明日やらせてください」と勇気を出して伝えてみてほしいのです。

反対の立場になるとわかるのですが、具合の悪い人が職場にいたら、「帰って休めばいいのに」って思いませんか？

休むことに罪悪感を持つ人も多いのですが、自分が健康で元気でいるほうが周りも心地いいものです。体調がすぐれない時は自分に降参して、自分の体を大切にしていきましょう。

もちろん、効率的に考えたほうが大切な場面もありますが、いつでも効率を優先したいと思うなら、それは思考です。

自分がキャパオーバーだなと思った時は、いったん手を止めて寝てみたり、美味しいものを食べたりしてリラックスしたほうが、何事もうまくいくのです。

実際、思考で「あれをやらなきゃ」「これをやらなきゃ」と思っている時は、インスピレーションは降りてきません。

ぼーっとお茶を飲んでいる時などに「あ、あれやろう」「今度、あれを販売してみよう」などふとアイデアが降ってきます。

つい効率を優先してしまう人は、心地よさを選ぶことに、少しずつトライしていってくださいね。

日常のささいなことは、天使さんが叶えてくれる

私はよく、叶えたいことがあると、天使さんにお願いをしています。

以前読んだ天使に関する本のなかに、誰にでも必ず二人の天使がついていて、**傷ついた時に癒してくれる天使と、願い事を叶えてくれる天使**がいる、と書かれていました。

だとしたら、天使さんは、ついている人のためにお手伝いできることがあれば、何でもやりたいと思っているのではないでしょうか。

せっかく力になりたいと思っているのに頼ってもらえなかったら、力を持て余してしまうと思うのです。

では、どんなことをお願いするのかというと、**日常で「こうだったら嬉しいな」と思うこと**をなんでも伝えてみます。

私の例をあげてみますね。

・外出する前に「駐車場をあけておいてください」
・スーパーに行く前に「美味しいお刺身がありますように」
・アウトレットに洋服を買いに行く前に「（いつも欲しい洋服が売っているとは限らないので）好みの洋服を用意しておいてください」
・電車で移動する前に「目的の場所に、間に合いますように」
・人気のお店に食事に行く前に「今日は、入れますように」
・初めての集まりに行く前に「素敵な出会いがあり、楽しめますように」

実際、お願いすると叶うのです。

先日は旦那さんと、いつも予約で満席の居酒屋に行きたいという話になり、天使さんにお願いしてから電話をかけてみました。すると、2席だけカウンター席があいていて、そのお店に行くことができました。

願いが叶った時は、「天使さんありがとうございます」という感謝も、忘れず

に伝えてくださいね。

願いが叶わない時も、もちろんあります。そんな時は、**今日はその選択をしないほうがいいよ、というサイン**と受け取ります。

たとえば、「本マグロで中トロの美味しいお刺身がありますように」とお願いしてスーパーに行ったけれど、指定したお刺身はなくて、その代わりに、天然ブリのお刺身があったなら、「今日は、こっちを食べるってことなんだな」という感じです。

願いを叶えてくれなかったからといって、天使さんに文句を言うのは違います。物事はベストタイミングで起こるので、目の前に来たものを受け入れるほうが、スムーズにいくのです。

こうして**お願いすることを習慣にしていくと、望むことが上手になってきます。**

私たちは、欲があることはよくない、お願いばかりしては失礼だ、などの罪悪感から、意外と望むことをしていません。

だからこそ、天使さんに
「あれが食べたい」
「これが欲しい」
「ああしたい」
といちいち願うことは、自分の望みを知る練習にもなります。

「こんなことまでお願いしていいの？」と思うような小さなことも、なんでも伝えてみてくださいね。

もし、天使さんがいると思えないなら、それでもいいのでお願いだけしてみましょう。信じていなくても叶えてくれるので、お願いしてみるのです。

私も初めは、「とりあえずお願いしてみよう」くらいの軽い気持ちでした。そうしたら、本当に叶えてくれるので、それならお願いしたもの勝ちだと思い、今ではたくさんお願いしています（笑）。

天使さんや妖精さん、龍神さんは目に見えませんが、私はいると思っています。
でも、極論、いてもいなくても、どっちでもいいと思いませんか？

私にとって、目に見えない世界のものたちは、私たちがこの地球を生きていくために、協力して助けてくれるツールだと思っています。

天使さんや妖精さん、龍神さんは本当にいるのか、いないのか、そこにフォーカスして証拠探しをするよりも、**いても、いなくてもどっちでもいいので、お願いして叶えてもらいましょう**（妖精さんや龍神さんにお願いする例は128ページ参照）。

お願いする癖がついてきたら、たとえば1日3個お願いしていた人は、1日5個、10個、というふうにどんどん増やしてみてください。抵抗がある人もいると思いますが、どれだけ望んでも大丈夫。どん欲に生きていいのです。

ちなみに、お願い事は、「自分に関する願い」にしてくださいね。たとえば、意地悪な相手が優しい人に変わりますように、彼が浮気をやめますようになど、相手を変えようとするお願いは叶えてくれません。

天使さんや妖精さん、龍神さんは、あなた自身に関する願いを叶えてくれるのです。

望んだら現れた謎の子犬「ケビン」

ちょっと不思議な話ですが、小学校6年生くらいの頃、こたつで寝ていたら、急に玄関のほうが気になって目が覚めました。

玄関が見える位置に寝ていた私は、玄関に目を向けてみました。すりガラスのような玄関だったため、人が立っていると見えるのですが、人影はありません。

気のせいかな、と思いながらテレビを見ていたのですが、やっぱり玄関のほうが気になるので、こたつから出て玄関に行ってみると、そこにこんもり小さな影がありました。

なんだろう？　と思って玄関の扉をあけると、目がクリッとして、たれ耳でこげ茶色の子犬がいたのです。生まれてそんなに日がたっていないのではないか、と思うくらいの小さな子犬でした。

私の家では柴犬を飼っていたので、きっと、この家の人に飼ってもらえるだろうと誰かが捨てていったのかもしれませんし、たんに迷い込んできたのかもしれません。

その子犬がなぜうちの玄関にいたのかはわかりませんが、とにかく可愛くて、私は勝手に「ケビン」と名付けて、妹も一緒にケビンと家の周りを何周も追いかけっこをして遊びました。

飼っていた柴犬のゴロもケビンになついていて、ゴロの小屋にケビンが入っても優しく見守っています。

2匹が仲良くしているので、みんなでお散歩に行こうということになり、ゴロにはいつも通りリードをつけて、ケビンにはリードをせず、私と妹と犬2匹で出かけました。

ところが、近所を半周くらい回った時、ケビンが向こうからきた車にびっくりして逃げてしまいました。その後、妹と二人で長い間ケビンを探しましたが、結局見つからず、その日以来、会っていません。

実は、私はずっと「子犬が欲しい、子犬が欲しい」と言っていました。ゴロも可愛がっていましたが、犬好きの私は、赤ちゃんの子犬も飼ってみたいと思っていたのです。

そうしたら、本当に現れた子犬のケビン。しかも、鳴いたり物音がしたりしたわけではないのに、なぜか玄関のほうが気になったというのも、今考えれば不思議な話です。

ケビンと過ごした時間はほんの2〜3時間でしたが、その間、まるで昔から知っているかのようになついてくれて、リードをせずに家の周りを追いかけっこしたり、お散歩をしてもついてくるのが当たり前のような雰囲気でした。

ケビンはいったいどこから来て、どこへ行ったのか謎のままですが、もしかしたら**「子犬が欲しい」という私の願いを、見えない世界が叶えてくれたのかもしれない**と思うのです。

望んだことは叶います。

あなたも、どんどんお願いしてくださいね。

ピンチの時は、見えない世界にSOSを出す

見えない世界にお願いをすることをお伝えしましたが、私はピンチでどうにもならない時にも、見えない世界に「助けて！」と、全身全霊でお願いします。

それは、なぜか自然と昔からしていることですが、**自分がやれることをやって、もうこれ以上何もできない、お手あげという時に「助けて！」と言うと、不思議とどうにかなる**のです。

私は、旦那さんと籍を入れる直前の時期に、それまで一度も喧嘩をしたことのない旦那さんと、大喧嘩をしたことがありました。

自分の本音も、旦那さんの本音もお互いに全部伝えてぶつかって、でも折り合いがつかないまま、二人とも仕事に行く時間になり、モヤモヤしたまま出かけたのです。

絶対仲直りできそうにない喧嘩をしてしまったので、私はアルバイト先に行くまでの間、「天使さん、本当に助けて！　もうこれ以上、私は何もできない」とSOSを出しました。

14時にアルバイトをあがり、下を向きながらとぼとぼ歩いていた時です。向こう側から車がきて、私の前で止まりました。見ると旦那さんです。仕事を調整して早く上がってきてくれたようで、「あんな感じで出て行ったから大丈夫かな、と思って。ちょっと言いすぎちゃった。ごめんね」と謝ってきてくれたのです。

その後、二人でお茶をして仲直りをしたのですが、その時、何か見えない力が動いたという感覚がありました。

仕事に関していうと、セッションや講座、イベントなどを開催する時は、いつも龍神さんに助けてもらいます。「龍神さん、必要な方とのご縁が繋がるように助けてください。どうか、サポートお願いします！」とSOSを出すと、本当にその時に必要な方と繋がることができ、お申し込みも満席になります。

妖精さんにも、助けてもらっています。あるイベントの衣装を探していた時のこと、なかなかピンとくるものがなくて困っていたことがありました。そこで「妖精さん、可愛いワンピースが見つかるように助けてください！」とお願いしたら、イメージ通りのワンピースに出会えました。

ちなみに、誰にお願いするかについては、とくに決まりはありませんが、それぞれになんとなく得意分野があるようで、私は、**日常の全般的なことは天使さんに、オシャレや恋愛などトキメクことは妖精さんに、仕事やお金、目標達成に関することは龍神さんにお願い**しています。

やることをやらないで「助けて！」といっても、その願い事は聞いてもらえないかもしれませんが、やれることをすべてやり尽くしてもどうにもならない時には、ＳＯＳを出してみましょう。

きっと、見えない世界は喜んであなたを助けてくれるはずです。

どん底まで落ちたあとに待っているステージとは？

彼と大喧嘩をしたり、大失恋をしたり、職場でいじめにあったりなど、苦しい時は、早くそこから抜け出したいと思いますよね。

でも、実は苦しい時こそ自分が変わるチャンスです。**失敗したり、うまくいかなくなったりすること自体が、「あなたの居場所はそこじゃないよ」「そのやり方は合ってないよ」という、見えない世界が送ってくれているサイン**だからです。

つまり、もっといいステージに行くためのサインなのです。

苦しい時、私たちは感情に飲み込まれ、何も考えられない状況になります。こういう時に、新しい情報を入れようとしても入ってきませんから、まずは感情にフタをせず、落ち込むところまで落ち込んでみましょう。

私は、今の旦那さんと付き合っている時に一度別れましたが、とても苦しかったので、友達にさんざん泣きながら話を聞いてもらったり、それでも泣き足りず、家で一人で泣いてみたりして、悲しい感情にフタをしないようにしました。

相手のことを無理やり忘れようとするよりも、今感じている悲しみをいったん全部出してみます。

そうして**出し切ると、自分のなかでやり切った感が出てくるので、いい意味であきらめがつく**のです。

湧き出てきた感情は中途半端にせず、最後まで出し切ってみましょう。落ちるところまで落ちると、それ以上落ちることができないので、自然と持ち直してくる時がきます。

それに、どん底の状態をずっとやっていると、そのうち飽きてきます。

そして「なんとかなる」という自分への信頼感ともいえるようなものが湧いてくるのです。

この不思議な現象が起こるのは、**どん底をやりきると勝手に波動が整ってくる**

からではないかと思っています（波動とは周波数のこと。この世のすべてのものには周波数があり、人間もそれぞれの周波数を放っています）。

この状態で、「なんとなく」感じたことを行動してみてください。私の場合、なんとなく本屋さんに行ってみると、今必要なことが書かれている本と巡り合ったり、なんとなく出かけてみると、見本となる在り方を見せてくれる人が現れたりします。

どん底は安心してやりきって大丈夫。その後に、幸せなステージが必ず待っています。

ペットが旅立つ時に残してくれた愛のメッセージ

子どものように可愛がっていたペットが天国に旅立ってしまい、深い悲しみからなかなか立ち直れない人もいるでしょう。

私も3年ほど前、可愛がっていたわんちゃんが10歳半くらいで旅立ちました。

独身の頃からずっと一緒で、どこに行くにも連れて行ったり、悲しいことがあったら話を聞いてもらったりと、心の拠り所にしていたわんちゃん。いつも横にいてくれて、たくさんの幸せを与えてもらっていただけに、旅立った時の悲しさがなかなか癒えず、心臓が痛くなったのです。

実際、心臓の痛みがなかなか消えなくて、もしかしたら何か病気なのではないかと不安になり、いくつもの病院で診察をしてもらいましたが、異常は見当たらず、原因不明。最終的には心臓専門の病院にまで行き「寝ていると何か重いものが乗っかっているかのように苦しくて、心臓が止まってしまうんじゃないかと思うんです」とお医者さんに訴えたところ、「ストレスだと思います」と言われてしまったほどです。

お別れほど悲しいことはありませんが、旅立つ時期は、わんちゃんが決めてきているように感じました。

というのも、わんちゃんとお別れした時期は、本当に自分のやりたいことをやって生きていこうと決意し、YouTubeも本気で始めようと思った頃。わんちゃんから「もう、私がいなくても大丈夫だよね。一人で立っていけるよね」と言われた気がしたのです。

大事に可愛がっていたわんちゃん、ねこちゃんなどのペットたちとのお別れは、完璧なタイミングでくるのかもしれません。

旅立っても、必ず見守ってくれています。

そんなペットたちからの愛のメッセージを受け取って、自分を幸せにしていきましょう。

幸せの魔法をかける時の、たったひとつのコツ

自分に心の余裕が出てくると、みんなに幸せになってほしい、という気持ちも湧いてきます。私は、InstagramもYouTubeも、見てくれた人が元気になるという設定をしているのですが、本当にたくさんの方から「いいことがあった！」とご報告をいただき、私のほうがびっくりしているくらいです。

ただし、「絶対、幸せになってもらいたい」というのは執着です。相手が幸せになるかどうかは、相手が決めることなので、**「幸せになってくれたらいいな。元気になってくれたらいいな」という軽い気持ちでいるのがポイント。**

軽やかなところにいいエネルギーが流れ、本当に相手にもラッキーなことが起こるのです。

以前、KADOKAWAさんでセミナーを開催させていただいた時、実は、私

は参加してくださったみなさんに、幸せが降り注ぐ魔法をかけました。

天使さんの映像と心地いい音楽を流し、魔法のステッキのおもちゃをふりながら、シャラランー♪と魔法をかけて、魔法使いごっこをしたのです。

深いことは考えていません。「みなさんにいいことがあったらいいな、嬉しいな」という軽い気持ちだったのですが、その後、参加者さんから、「競馬で6万円当たりました」「好きな人に偶然出会いました」「セミナーの帰りに東京大神宮でおみくじをひいたら大吉でした」など、たくさんの嬉しいご報告をいただきました。


魔法をかけるのはタダですから（笑）、魔法がかかったらラッキー、みんなにいいことがあったら面白いな、そんな軽い気持ちでいいのです。

誰かを幸せにしたいなら、相手が幸せになるかならないか、という結果を手放して、「幸せになってほしいな」という軽い気持ちで魔法使いごっこをしてみましょう。すると、不思議と相手の願いが叶ったり、幸せが舞い降りたりするのです。

未来につながる線のつくり方

日常で、ふと思いつくことって、たくさんありますよね。

たとえば、トイレットペーパーがもうすぐ切れるから買いに行こう、あのマフラーが欲しいからネットで注文しよう、あの子に電話しよう、あの件について調べよう、など。

そうした**本当に小さなことを、ひとつずつ丁寧に拾って、なるべく早く行動に移す癖をつけていくと、見えない世界から自分の人生に大きな転機となるようなことが来た時に、そのサインをキャッチしやすくなります。**

私は今、YouTubeでカードリーディングによる占い動画を配信していますが、そのきっかけは、カードリーディングをしている人の動画を見て、面白そうだな、私もやってみたいな、と思ったことでした。

でも、そのことを忘れてしまい、カードを買うこともなくいつもの日常を過ごしていました。その後も、何度か「そういえばカードを買ってみよう」と思うのですが、忙しくしているうちに忘れてしまうので、実際に「買う」ところまでいきませんでした。

そんな状態を繰り返し、5回目くらいに再び思い浮かんだ時、「こんなに何度も買ってみようと思うのだから、今度こそ本当に買おう」と思い購入しました。

その時は、まさか自分がカードを使ってYouTubeをやろうなどとは思いもせず、気になるな、買ってみよう、試してみよう、そんな程度だったのです。

実は、**見えない世界は、「小さな思いつき」という点でサインを出しています。その点をつかむと線となり、その先に思いもしない素敵な未来がある**のですが、多くの人はその点を見逃してしまうのです。私も数回ほど見逃した点でしたが、ようやくキャッチして行動したことで線となり、今があります。

今ふと思い浮かんでいる点は、面白い未来へとつながっているかもしれません。ピンと来たものは行動へ移していきましょう。

小さな点を拾う超簡単リスト化

ふと思い浮かんだことをそのままにしておくと、思い出せなくなってしまいますよね。

私は忘れやすいので、思いついたことはなんでも、スマホのメモ帳にすぐ打ち込むようにしています（私は、iPhoneの「メモ」を使っています）。

以前はノートに書いていたのですが、出先だとノートを開いてペンを出すことが難しい場合もあるので、スマホのメモ帳に替えました。スマホなら、出先はもちろん、家で寝っ転がりながらでも打つことができますし、運転中ならマイクで音声メモもできるのでとても便利。

メモ帳の書き方は、それぞれご自分で使いやすいようにアレンジしてください。

参考までに、私は次のような順番で書いています。

【YouTubeのテーマ】

・あなたが今強烈に引き寄せていること
・もうすぐあなたが移行する最高のパラレルワールド
・○○までにあなたに起こるミラクル急展開

【買う物】

・シャンプー
・ボディーローション
・ヨーグルト

【やること】

・カード用の棚を買う
・ランチ会用の洋服を探す

【○月△日のスケジュール】

・YouTube撮影
・ゴミ出し
・○○さんにメールを返信する

【今後やりたいこと】

・新商品を考える
・講座を作る
・お掃除ロボットのお手入れ

【YouTubeのテーマ】のところは、それぞれ自分に合った仕事や趣味などの【アイデアリスト】にしてもいいでしょう。

また、【今後やりたいこと】は、いつかやりたいと思っていることを書き出しておくと、そのことに関する情報が引き寄せられたりして叶います。

思いついたことを書き込み、叶えたことには打ち消し線を引きましょう。1日の終わりにメモ帳を見ると、できたことと、できなかったことが明確になり、「明日はこれをやってみよう」と計画を立てて動くことができますね。

こうして、**ふと思い浮かんだ日常の小さな点を拾うことで、見えない世界のサインやメッセージをいつでも受け取れる体勢を整えることができます。**

「いつも
あなたのそばにいるよ」

天使さんは、普段気づかないところから

あなたを見守ってくれています。

たとえば、キレイな鳥のさえずりや

雲間をぬって射し込む太陽の光

誰かを通して聞こえてくる言葉など。

ハッと気づく美しさや、魂が震える気づきなど

それらはすべて天使さんからのサイン。

行き詰まった時は、ふと立ち止まって

天使さんの存在を感じてみてください。

Chapter 4

心の声に従って望む未来を現実にする

なりたい自分に近づく前にすべきこと

見えない世界のサインをキャッチしたら、次は心の声に従って行動しましょう。

ただサインを受け取るだけでは、なりたい幸せな未来を叶えることはできないからです。


そうはいっても、今幸せを感じられない自分に不足感を持っている人も多いと思います。彼氏が欲しい、好きな人と幸せに過ごしたいと思っているけれど、今彼氏がいない自分はダメだ、魅力がない……と凹んでしまうなど。

そういう時、私は今の自分の現状を確認すること、つまり、**それ以上でもそれ以下でもない事実だけを見る**ように、心がけています。

彼氏がいないのだとしたら、「彼氏がいない。以上！」。

彼氏がいなくても幸せな人はいっぱいいますし、彼氏がいないからといって変な人でもありません。モテる人でも彼氏がいない人はいます。彼氏がいないことに対して何を思うかは、その人次第。彼氏がいない人はみじめで、寂しい人と思っているなら、**「今の自分の現状＝価値がない」と思っているということです。**

ダメな人なんていません。「ただ、今こうである」。それだけです。

自分に価値がないと感じてしまう時は、ノートに今の現状を書き出しましょう。私もアルバイト代が月2万円しかなくて、大好きなシャインマスカットを買うことができず泣いたこともありましたが、まずは現状を把握しようと、ノートに「収入、月2万円」と書きました。

その後、書いた文字を眺めながら、「じゃあ、その現状からどうしたい？」と自分に問いかけました。私から出た答えは「月収100万円になりたい！」。答えが出たら、そのために何をするかを考えて行動に移していきました。

現状と価値をくっつける癖をやめましょう。それ以下でもそれ以上でもない今を把握することが、なりたい自分に近づく一歩です。

願いを叶えたいなら、差し出すものを決める

ノートに願いを書いたり、アファメーションを唱えたり、自分を大切にする行動もしているのに、なかなか願いが叶わないという人もいますよね。

それはなぜかというと、「裏の願い」に気づいていないからです。**裏の願いとは、思い込み（ブロック）によって、作られた願い**のこと。

たとえば、「お金が欲しい」と思っていながら、実は、お金が減ることが怖い、お金を受け取ることに罪悪感がある、お金は苦労しないと稼げない、などと思っていると、「お金はなくていい」という裏の願いが叶ってしまいます。

他にも、「恋愛したい。彼氏がほしい！」と思っていながら、傷つきたくない、失敗したくない、自分から行動したくないと思っていると、「傷ついたり、失敗したり、勇気を出したりしなくていい」という裏の願いが叶ってしまうのです。

では、本当の願いを叶えるにはどうしたらいいのかというと、差し出すものを決めることです。

前にお伝えしたように、私は今世どうしても月収100万円を稼いでみたい、その感覚を体験してみたい、と思っていました。

けれど、なかなか100万円に到達できないので、これは何かブロックがあるかもしれないと思い感じてみたところ、「今より忙しくなりたくない」という裏の願いに気づきました。

もちろん体調を崩してしまうほどの忙しさは嫌ですが、「100万円稼ぐために、努力は惜しまない」と決めたのです。

努力というのは、つらいとか、苦しいことではなく、自分の力を尽くすこと。「こうなりたい」「こうしたい」という目標に対して、これまで以上に力を込めて積み重ねるということです。

私は、100万円稼ぐ努力をするためなら忙しくなってもいい、と決め「忙しくなりたくない」思いを差し出して行動してみました。すると、売り上げが伸び始め、3か月後に月収100万円を達成したのです。

これは、恋愛においても同じです。たとえば、自分から告白してふられて傷ついた経験があると、もう傷つきたくないという思いから、好きな人に勇気を出して告白することが怖くなる方もいるでしょう。

告白しなくてもいいのですが、やはり好きな人と付き合って幸せになりたいと思うなら、「勇気を出す」と決めて、「傷つきたくない」気持ちを差し出します。**傷ついても望む未来の可能性にかけてみることで、結果はどうであれ、幸せへと近づいていく**のです。

実際、個人セッションをしていると何年間も片思いをしている人が多いのですが、告白してふられたとしても、「その人とは合わなかった」だけです。

人生長いようで短いですから、合わなかったことが早くわかったほうがいいと思うのです。あなたに合う人、あなたを大事にしてくれる人、愛してくれる人は、必ずこの世の中にいます。

ではここで、あなたの「裏の願い」を知るために、どんな思い込み（ブロック）

があるかに気づきましょう。

次の質問に答えてみてください。

「願いを叶えるために、怖いと思っていること、頑張らなければいけないと思っていることはなんですか？」

恥をかきたくない、バカだと思われたくない、嫌われたくない、努力しないと認めてもらえない、認められなければ愛されない……。

たくさんの思い込みが出てくるのではないでしょうか。

実は、思い込みというものは気づくと外れます。気づいたということは、「これが私の思い込みか、へぇ～」と客観的に見てとったということなので、自分と一体化していたものが離れた状態になるからです。

ブロックとなっていた思い込みに気づいて、願いを叶えていきましょう。

なりたい未来を現実にしている人の話を聞く

よくある思い込みのひとつに、「年齢のブロック」があります。たとえば、「40歳以降になると受け入れてくれる企業は少ないから転職は無理」「この年から起業するのは難しい」など。やりたいことがあっても、年齢を気にして動けない人もいます。

たしかにそう思う気持ちもわかりますが、実際は何歳になっても起業したり、転職したりしている人はいます。一般的に言われていることを鵜呑みにせず、ぜひ叶えた人の話を聞いてみてほしいのです。

私は、**夢を叶えるには環境も大切**だと思っています。

たとえば、幸せになりたい、お金が欲しいと言いながら今いる状況から突き抜けられない人の周りには、自分と同じくらいの幸せ感、同じくらいの収入の人たちが多いはず。

でも、今自分が幸せではないと思っていたり、今自分はお金がないと思っていたりするならば、今いる環境から自分が望む環境にいる人たちの話を聞かないと、新しいアイデアが降ってきません。

たとえば「45歳で起業したい」と思った場合、起業したことのない人に相談したら、「起業なんてうまくいかないよ」「好きなことで仕事をするなんて、難しいよ」「そんなに稼げないよ」など否定的なことばかり言うでしょう。

けれど、実際に年を重ねてから起業した人に相談すれば、実践的で希望のあるアドバイスをもらえるはずです。

叶えたい夢があるならば、自分のなりたい未来をすでに現実にしている人を探して、意見を聞いたり、アドバイスをもらったりしましょう。

無理かどうかはやってみないとわかりません。叶えた人の意見を聞くと、意外とできそうかも、と思えてくるはず。

あなたの叶えたい方向に足を向けていくこと、それが大切です。

自分が納得するまで情報を入れる

「感じる力」を復活することは大切ですが、**「これがやりたい」「こうしてみたい」という方向性が決まったら、私は徹底的にそれに関する情報を入れます。**

32ページでもお伝えした通り、「妖精や龍神を見たい」と思ったので、実際に妖精や龍神を見た、という人の本を読んだり、ネットで検索したりして、その時の状況、どうしたら見やすいかなどを徹底的に調べました。

ここまでやったのだから妖精も龍神も見られるだろうと納得できるまで、とにかく情報を調べるのです。その結果、望むことが叶うのです。

お金を稼ぎたいなら、お金を稼いでいる人の話を聞いたり、やり方を真似しますし、恵まれない恋愛から卒業したいなら、ダメンズばかりと付き合っていたけれど今は幸せなパートナーシップを築いている人が何をしたのか、その情報を自分に入れます。

もちろん、自分に合うものと合わないものがありますから、合わなかったら執着せずに手放して、違う方法を試してみればいいのです。

見たくない情報は見る必要はありませんが、自分が求めている情報は取りに行かないと手に入りません。

自分が求めているものをすでに手にしている人が、一番そのコツを知っているわけですから、その人と同じことを試してみるのです。

実践してみると、いけそうな気持ちになってくるはず。そうして、トライ＆エラーを繰り返しながら、ちょっとずつ試していきましょう。

なかには、バンジージャンプのような思い切った挑戦をする人もいますが、私は怖くてできません（笑）。

バンジージャンプを飛べないと人生は好転しないわけではありませんから、自分に合う方法で、自分のペースで無理なく進めば大丈夫です。

目の前のことを淡々とやる

よく、望む未来を現実化するには、叶っている状況をイメージしてワクワクしながら過ごすといいと言われますが、私は、今目の前にあることを淡々と確実にやり続けていくほうが、願いを早く現実化できると思っています。

なぜそう思うのかというと、**叶った時の自分と今の自分のテンションはそれほど変わらない**ことに気づいたからです。

起業してまだ月収がそれほどなかった頃、私は月収１００万円を稼いでいる自分はとてもキラキラと輝いているんだろうな、と思っていました。月収１００万円もあれば、ブランドものもたくさん買って人生バラ色、という勝手なイメージがあったのです。

でも、実際はとくにブランドものをたくさん買うこともなく、高級なものばかり食べ歩くこともなく、テンションはいつもと変わらないまま。
予想していたような感じではなく、「月収100万円の世界って、こんなものか」と思ったのです。

YouTubeを始めて登録者数が少なかった時も、1万人を超えたらどんな感じになるんだろう、5万人を超えたら生活が変わるのかな、と思っていました。
でも、決してそんなことはなく、以前と同じ生活をして、いつもの友達といつものカフェでお茶をして、同じスーパーで買い物をしてという、変わらない自分です。

願いが叶った時のイメージをすると、「わー！　きゃー！」といった、ある種、お祭り騒ぎのような状態を想像するかもしれませんが、実際は淡々とした毎日が続きます。

なりたい自分に向かって、今できることを淡々とやり続けていきましょう。
淡々とやっていった先に、望む世界があるのです。

エネルギーを届ける方向を明確にする

今、私のYouTubeチャンネルは、おかげさまで登録者数が増えていますが、始めたばかりの頃は伸び悩んでいました。

そこで、どうしたらもっと伸びるのか、人気のYouTubeを見ながら研究したところ、わかったことがありました。それは、明確なテーマがあったほうが相手に届きやすいということ。

ちょうどその頃、友達が大失恋をしました。私は、友達に何かしてあげられることはないかと考えていたところ、浮かんだのが「YouTubeで友達に元気を届けよう」というアイデア。

目の前で悲しんでいる人がいたら、「絶対大丈夫だよ。幸せになれるからね」と励ましたくなりますよね。私は、「友達を元気にしたい」という思いで、友達への応援エネルギーをYouTube動画に注入していきました。

でも、私は友達にそのことを伝えていませんでした。なぜかわからないけれど、きっとエネルギーは届くと思ったのです。

そうして、友達に向けてYouTubeを発信するように意識を変えていったところ、「みんなに元気を届けたい」というぼんやりしたテーマだったものが、「目の前の人を元気にしたい」という明確なテーマに変わっていきました。決して意図したわけではないのですが、結果、そうなったのです。

すると、「ドンピシャのメッセージでした」「まるで私に向けて言っているかのように感じました」などのコメントを多くいただくようになったのです。

妖精さんや龍神さんを目撃したのもその頃で、そのあたりから再生回数が増え始め、YouTubeも軌道に乗り出したのです。

エネルギーは目に見えませんが、誰に、何を届けたいか明確にすることで、意図する方向に流れていくのだと思います。こうなったらいいなという未来があれば、明確に望みましょう。それが現実となるのです。

意図的にエネルギーの流れを変える

今の旦那さんと付き合っていた頃、うまくいかなくなって、1年くらい別れていた時期がありました。

別れてからは、一緒にいて幸せになれる人を見つけようと、出会いの場にも積極的に出かけていって、何人かの方と食事に行ったりもしました。

でも、やっぱり彼を超える人に出会うことができず、「私には彼しかいない」と、衝動的に彼に電話をかけてしまったのです。

でも、呼び出し音が鳴るばかり。彼と話せなかったことで、「やっぱり、彼とはもう無理なんだ」とあきらめがつき、その後、彼から着信があったことにも気づかず、携帯電話を放置。不在着信に気づいたのはしばらくたってからでした。

すぐにかけ直すことなく何日か過ごしていましたが、「やっぱり、彼と話してみたいかも」と思って電話をかけたら彼が出て、再会しようということになったのです。

サイレント期間中、私はいろいろなことに気づきました。

とにかく結婚を焦っていた私は、彼の気持ちを無視して、「結婚しよう」と追い込んでしまいました、彼のことは好きだったけれど、結婚することが目的になっていたのです。

また、彼に幸せにしてもらおうと思っていたことにも気づきました。満たされない部分を彼に埋めてもらいたい、と思っていたのです。

でも、**自分を満たすことは自分にしかできないと気づき、相手に幸せにしてもらおうとするのではなく、まず自分で自分を幸せにすること、自分の足で立つこと**を決めました。

自分が幸せだからこそ、好きな人と一緒にいればさらに幸せになれる、そのためには、自分が幸せでいることが大切だと思ったのです。

自分を幸せにするために何をしたかというと、まず、意図的にエネルギーを変えてみました。

今の気分（エネルギー）がその先の未来を作るので、気分が落ちている時は違うことでリフレッシュして、気分を上げるのです。

そこで、**モヤモヤ、うつうつしている時ほど、行ったことのない場所に行ったり、食べたことのないものを食べたりしました。**

たとえば、新しくオープンしたカフェに友達と行ってみたり、海外旅行をしてみたり、いつも着ないような色の洋服を着てみたり、お化粧を変えてみたり、リップの色を変えてみたり。

いつも同じものを食べて、同じ場所にいて、同じものを身に着けていると、エネルギーが停滞してしまいますが、新しいものを取り入れると流れが変わり、世界が広がる感じがします。

東京で働いていた頃は、職場に仲のいい女友達がいたので、その子と仕事帰りに、品川の水族館に行ったり、東京ドームシティの遊園地で遊んだりもしました。

会社勤めをしていると、休める週末に気分転換することでしかエネルギーの流れを変えられないと思っていましたが、週末まで待たずに、平日を少しでも楽しくするように工夫したのです。

一人の時は、新しくオープンした商業施設でウインドウショッピングをしたり、オシャレなカフェや本屋さんに立ち寄ったりして楽しみました。

こうして意図的に楽しいエネルギーに転換することで、気がつけば彼氏がいなくても一人で楽しめるようになっていったのです。

彼氏がいないと寂しいと思う時ほど、一人で楽しめることを見つけてみてください。

今楽しんでいたら、必ず楽しい未来がやってきます。

今「ある」ものに集中して楽しむ

望む未来を現実にしたくて頑張ってはいても、不安になることもありますよね。そんな時こそ、今目の前のことを楽しむことが大切です。

今目の前のことに集中できていない時、私たちの思考は過去や未来に飛んでいて、「そうならなかったらどうしよう」「失敗したくない」といった不安や焦りにつながるからです。

たとえば、結婚を考えている人と喧嘩をして、「これで別れることになったら嫌だな」「彼は私のことを本当に好きなのかな?」など不安や疑いが出ると、どんどん関係性が悪くなっていくこともありますよね。

私もそうした失敗を繰り返してきたので、今の旦那さんと復縁後は、彼と一緒にいると楽しい、お話をしていると楽しい、ご飯を一緒に食べることができて幸せ、というふうにその時間に集中することを意識しました。

心配や不安を持ち始めると、そっちにエネルギーが流れて拡大し現実になってしまうので、とにかく「今に集中する」のがポイントです。

お金も同じです。貯金が少ないと不安になりますが、１０００円でも1万円でも今お財布にお金は「ある」のですから、「ある」ことを見ていきましょう。

私は貯金がなくてカツカツの生活をしていた頃、欲しい洋服も買えず節約の日々でしたが、それでも一杯のコーヒーやちょっとしたおやつを買って、今あるお金で楽しみながら、お金の入り口を作ることも同時進行していきました。

もし、どうしても不安が湧き出てしまい、今に集中できないという人は、あまり先のことまで考えないようにしてみましょう。

それだけでも、不安や焦り、疑いといったネガティブな気持ちから離れることができるので、楽になりますよ。

頭の中にある不安や心配事は、書き出して外に出す

不安や心配を抱えやすくて生きづらい、と思っていませんか？

私も昔からヘタレでお豆腐メンタルで生きてきたので、その気持ち、とってもよくわかります。

ですが、**「心配事の9割は起こらない」**そうです。

ペンシルベニア大学の研究によると、心配事の79％は実際に起こらないし、残りの21％のうち16％の出来事は、事前に準備をしていれば対処が可能という結果が出ています。

つまり、心配事が現実化するのはたった5％。おおかた心配事は起こらないということですね。

とはいえ、不安や心配が消えるわけではないので、そういう時、**私は気になっ**

ていることや、不安なこと、心配なことをノートに書き出しています。

そして、その下に、**「もしもこうなったらどうしよう」と想像できる最悪のパターンを思いつく限り書き出し、最悪のケースになった時の対策や今できそうなことも書いています。**


ひとつ例をあげてみます。

私は、オンラインショップでクリスタルや香油などを販売していますが、発送手続きを済ませ、購入者の方たちに発送メールを送ったあとに確認ミスに気がつきました。

届かない可能性もあり、パニックになりましたが、ノートに不安なことと、その対策を書いてみたのです。


【発送の際に確認ミスがあった】
・サイズオーバーで戻ってきてしまうかもしれない→もう一度送り直せばいい
・船便になってしまい、届くまでに時間がかかるかもしれない→最終的に届けば

いい

・お客さんに怒られるかもしれない→誠意をもって謝ればいい

ノートに書いてみると冷静に全体を見ることができ、対処すべきことが整理されて楽になりました。

心配や不安をひとつひとつ見ると対処できることがほとんどですが、塊《かたまり》で見ると「どうしよう！」と慌ててしまうのですね。

恋愛でも、たとえば彼氏が電話を折り返してこないと、「事故にあったのではないか？」と心配でパニックになってしまう人もいますが、忙しいだけかもしれないし、具合が悪いのかもしれません。

だとしたら、冷静に待ってみたほうがいい結果になることも多いと思います。

不安や心配でいっぱいになっていても、ノートに書くと意外と大丈夫と思えますし、今できること以外は何もできないということがわかると、冷静になれて、不安や心配がどこかにいったりするものです。

ノートに書くという作業は、頭の中にある不安や心配事をいったん頭の外に出して、今できることと、自分の力ではどうにもできないことを整理して、不安になっても仕方ないと、肯定的にあきらめることにつながります。

書いて客観的に見ることで、変えられるものと、変えられないものを見極める効果があるのですね。

その上で、最後は天使さんや妖精さん、龍神さんにお願いをして、不安や心配を宇宙のかなたに持っていってもらいましょう。

今最大限にできることをしたら、あとは見えない世界にお任せで大丈夫！

今どんなことが起こっても、それは最善な出来事です。起こることを信頼して、冷静に見ていきましょう。

不快なことにエネルギーを使わない

あなたは、どこにエネルギーを使っていますか?

もし、不快なことや嫌なことにエネルギーを使っている時間が長いなら、それをなくしていくことが大切です。

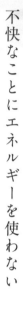

好きなことをしよう、やりたいことをしようと言われると、これからやることのほうに意識を向けがちですが、心のスペースがないと新しいものが入る隙間がありません。ですので、嫌なことをやらなくて済むように工夫することが大事。

先にスペースを空けておくことで、新しいものが入ってきます。

家事が苦手な私は、ロボット掃除機や乾燥機付き洗濯機、食洗器を買って、なるべく嫌なことを減らすようにしています。

家事をしなかったらダメ妻、ダメ母と思われるのでは、という方もいらっしゃるかもしれませんが、私は、「みんな生きているだけでえらい！」と思っています。

だって、毎朝通勤をしたり、お金を得るために働いたり、税金を払ったり、それだけですごいことだと思いませんか？

ご飯を作らないから、洗濯をしないからダメ妻、ダメ母なんてことは絶対にありません。

生きているだけで全員えらいのです。

ご飯を作らない日があってもいいし、掃除をしない日があっても大丈夫。**不快なことにエネルギーを使って消耗するよりも、あなたが楽しく元気でいるのが、大切なことです。**

不快なことはやらない、もしくは少ないエネルギーで済むことを考えていきましょう。

自分のまわりを「好き」でいっぱいにする

今いる環境はリラックスできますか？　安心感に包まれる空間ですか？

私は、**自分の半径3メートル以内を心がときめくものでいっぱいにする**ことを心がけています。

というのも、私たちは気づかぬうちに、自分がいる環境からいろいろなものを感じ取っていて、無意識に影響を受けているからです。

心地よい状態や、幸せを感じられる時間を増やすことは、幸せで素敵な未来を引き寄せることにつながりますから、自分が心地いい状態でいられるように、自分のまわりを好きなもの、ときめくものでいっぱいにしていきましょう。

一人暮らしの方は、思い切り自分の好きなもので部屋を埋め尽くすことができますが、家族と一緒に住んでいる方はそうもいきませんよね。

そこでまずは、ベッドサイドだけ、リビングの一角だけでもいいので、**自分の好きなものを置くコーナーを作って、癒される空間にしていきましょう。**

私も家族と一緒に住んでいる自宅は、ベッドサイドの一角だけを癒しの空間にしています。クリスタルやオラクルカード類、ランプを置いたり、花を生けたりしていて、この空間にくると心がときめきます。

会社勤務の方は、職場にもよりますが、デスクの上に自由に私物を置ける場合は、癒されるものを持っていってもいいですね。

私は会社員時代、職場に可愛いタンブラーを持っていって、美味しいハーブティーを入れて飲んだり、もこもこのひざ掛けを持っていったり、レインボウに光る小さな加湿器にアロマを入れたりして癒されていました。

五感に心地よさを感じる、好きを詰め込んだ空間を作って、幸せな未来を引き寄せていきましょう。

エネルギーが合わない人との距離の置き方

自分のまわりを好きな物で埋め尽くしても、人間関係が苦痛という人もいますよね。足を引っ張るようなことを言ってくる人、意地悪してくる人、ずっと誰かの悪口を言っているような人と一緒にいると、エネルギーを吸い取られて疲れてしまいます。

そんな時は、**自分からフェイドアウトしていきましょう。**人間関係を変えるには勇気が必要ですが、相手を変えることはできません。エネルギーが合わない人がいるなら、自分から去るほうが気持ちもスッキリします。

なかには嫌いではないけれど、なんとなく会話が合わなくなるなど、違和感が出てくることもあるかもしれません。**自分のエネルギーが変わってくると、今まで仲良かった人と合わなくなることもあるのです。**

その場合寂しさは残りますが、やはりエネルギーが合わなくなっているサインなので、少し距離をとってみるのがいいと思います。今エネルギーが合わないだけで、またしばらくしたら仲良くなれるかもしれません。

自分がエネルギーを流したものが、少し先の未来で現実化するので、我慢や忍耐で嫌なことにエネルギーを注いでいたら、少し先の未来も嫌なことが現実化してしまいます。

「こうなりたい」という未来のほうにエネルギーを流すためにも、まずは違和感のある人との時間を減らして、心地いい時間を増やしていきましょう。

ちなみに、私は誰かに励ましてほしい時は、絶対に応援してくれる人に話します。YouTubeを始めてチャンネル登録数が伸び悩み凹んでいた時、応援してくれる友達に聞いてもらったところ、「大丈夫だよ。これから、どんどん伸びるよ」と言ってくれて、その言葉にとても救われました。

エネルギーの合う人と付き合って、幸せな未来を現実化してくださいね。

宇宙からのお試しの買い物とは？

エネルギーが合う人、合うものを意識し始めると、宇宙からお試しがくることがあります。

たとえば、欲しいものを買う時に、本命だけどちょっと値段が高いAと、本命ではないけど悪くはない値段が安いBの2つの物が目の前に現れて、「さぁ、どっちを買う？」と迫られたりするのです。

ここで、「本当はAのほうが欲しいけど、Bのほうが安いから、Bでいいや」と妥協していませんか？

本当に欲しいものは、予算より少しオーバーしているもの。それでもあなたは欲しいものを手に入れる覚悟はありますか？　と問われているのです。

もちろん、借金してまで買う必要はありませんが、本当に欲しいもの、心がトキメクものを買うことを心がけましょう。

安いから買うのではなく、素敵だな～、かわいいな～、これがあったら嬉しいな～というものを選んでみてください。

自分が欲しいものを自分のために買ってあげるという態度を宇宙に見せると、その後不思議とチャンスが巡ってきたりします。

自分を大切にする人には、見えない世界からのサポートが入るのです。

大きい買い物ではなくても、普段の日用品や食材などを選ぶ時に、値段を見るのではなく、欲しいほうを選んで買うことを心がけましょう。

今何にお金を使っているのか、ここを見直すことは、望む未来を叶えるためには実は大切なポイントとなります。

というのも、不安や心配という気持ちからお金を使っていると、未来も不安や心配が拡大してしまうからです。

安いからと妥協した買い物とは、結局のところ、お金がなくなる不安が動機ですよね。少しくらい値段が高くても、本当に欲しいものを買ったほうがエネルギーが上がりますから、本当に好きなもの、欲しいものにお金を使うようにしていきましょう。

私は自分の未来にあってほしいものにお金を使うようにしています。
たとえば、東京までの特急列車はグリーン車、出張で予約する時のホテルは少し広めの部屋にしています。それは、快適さや心地よさがある未来にしたいからです。

洋服も、アウトレットではありますが、最近はハイブランドの服を少しずつ買うようにしています。もちろんハイブランド以外でも欲しい洋服なら購入しますが、ハイブランドの素敵な世界観が、私の未来にもあってほしいと思うからです。

エネルギーの視点から見ると、お金をかけているものがどんどん増えていきますから、あなたの未来にあってほしいものにお金をかけていきましょう。

「理想の人リスト」でぴったりの人を引き寄せる

こんな人と出会いたい、付き合いたい、といった、自分にとっての理想の人は誰にでもいると思います。実際、お付き合いするなら理想の人がいいですよね。

そこで、私がおすすめしているのは「理想の人リスト」を書き出すこと。最低でも10個以上、できれば100個くらい出す勢いで書きましょう。

脳には自分の興味や関心のある情報を無意識にインプットする「RAS《ラス》（Reticular Activating Systemの略）」という機能がありますが、リストに書き出して自分の理想を明確にすることでRASが働き、理想の人を見つけられるようになるからです。

たとえば、ヴィトンのバッグが欲しいと思っていると、ヴィトンのバッグを持っている人がやたら目につくようになったりします。

それと同じで、自分が求めていることがはっきりするほど、それまでスルーしてきたものが目にとまるようになるのです。

書き出すことは、どんなことでもかまいません。学歴、容姿、雰囲気、体形、性格、趣味、精神性など、「こんなパーフェクトな人、世の中にいるのかな？」と思うくらい、遠慮せず理想の人を書き出しましょう。

たとえば、こんな感じです。

・背が高い人
・趣味が合う人
・誠実な人
・優しくリードしてくれる人
・器が大きい人
・話を聞いてくれる人
・車の運転がうまい人
・なんでもない日にプレゼントをくれる人

・食の好みが合う人
・声がいい人
・わんちゃん、ねこちゃんを可愛がる人

ポイントは、深く考えず思いついたことをどんどんあげていくこと。「出会えたらラッキー」くらいの軽い気持ちで書きましょう。

「絶対にこういう人に出会いたい！」「こういう人と絶対結婚したい」と深刻になると、波動が重くなってしまいます。

書いたら忘れるくらいがちょうどいいですね。

以前、友人と食事をしていた時、二人で「理想の人リスト」を書き出してみよう、ということになり、それぞれの理想の条件を出し合いながら、その時お財布に入っていたレシートの裏に書き出しました。

身長180cm以上、一流大学出身、大企業勤務、レディーファースト、家族仲がいい人、品がある人、友達思いの人など、他にも細かい条件をたくさん書いて、

「こんな人と出会えたら、ラッキーだね」と言い合いながらその場を楽しみました。

それから1か月もたたないうちに、その友人とイベントに出かけることになったのですが、イベント会場で話しかけてきた男性が、「理想の人リスト」に書いた条件にピンポイントで当たりすぎていて、友人と驚いたことがありました。

リストは書けば書くほど、その中の条件に当てはまる人が現れます。「彼氏が欲しいけど出会えない」と言っている人のなかには、理想が絞り切れていない人もいるので、一度、「理想の人リスト」を書いてみるといいでしょう。


ちなみに、「理想の人リスト」は自分の好みの条件を持っている相手を引き寄せるためのものなので、最終的にはフィーリングが合うかどうかで決めてください。会ってみて、一緒に食事をして会話をしていくなかで、この人なら楽しくいられそうなど、あなたの感覚を大切にしてくださいね。

お金もチャンスもどんどん受け取っていい

あなたは、お金を素直に受け取れますか？

たとえば、突然友達から、「いつもよくしてくれてありがとう、お礼に１００万円受けとって」と言われたら、「ありがとう！」と喜んで受け取れますか？

それとも、「いやいや、そんな大金、受け取れないよ～」といって断りますか？

お金を受け取り慣れていない人は、後者の反応をするでしょう。

私たちは、少なからずお金を受け取ることに罪悪感を持っています。

日本には「清貧《せいひん》」という言葉があるように、貧しくても心が清らかで正しい行いをしている人が素晴らしいという教えがあり、無意識にお金持ちは悪い人と思っている人も多いのです。

また、自分の価値がわかっていないと、お金を受け取ることができなかったりします。

私もお金を受け取ることへの罪悪感を持っていました。

以前、旦那さんのお義母さんに「じゃがいもを買ってきてくれる?」と頼まれて、細かいお金がないからと5000円札を渡されたことがありました。300円のじゃがいもを買って、じゃがいもとお釣りをお義母さんに渡したところ、「お釣りはもらっといて」と言われて、「じゃがいもを買っただけなのに、申し訳ない」と罪悪感が湧いてきたのです。

他にも、家業をついでいる旦那さんのお手伝いに行くと、お義母さんがちょこちょこお金をくれるのですが、お金をもらうつもりで手伝ったわけではないので、結婚当初は「えー、いいです」と断っていました。

でも、よく考えたら、もらってほしいという気持ちを断ったら相手も悲しいと思い、喜んで受け取るようにしました。

実際、**お金を与えてもらえるということは、それくらいのエネルギーを自分が出しているからです。**臨時収入だとしても、それは過去に自分が放ったエネルギーがお金になって戻ってきている証拠なのです。

お金を受け取れるようになると、チャンスも受け取れるようになります。チャンスが巡ってくるのも、過去に自分が放ったエネルギーが戻ってきているのです。これまで頑張ってきた姿を見てくれていたからこそ、あなたに声をかけてみようかな、あなたにお願いしてみようかな、とチャンスがやってくるのです。

受け取る器があるところに、お金もチャンスも巡ってくるものですから、巡ってきたものは受け取りましょう。

世の中は、まだ欲に対するネガティブなイメージがありますが、もっとみんなどん欲に生きていいのです。

つつましく生きるのが美徳、贅沢はしないほうがいい、目立つとよくないなどと言われていますが、せっかくこの地球に生まれてきたからには、地球でたくさん楽しんだほうがいいですよね。

お金もチャンスも受け取って、どんどん新しい体験をしていきましょう。

「あなたの心の声は、いつも正しい」

心の声は、あなたを幸せに導くサイン。
感じたことをなかったことにせず
心の声に従って動いてみましょう。
行動に移すことに、怖さを感じるかもしれません。
でも、あなたが感じた心の声は
いつだって正解。
安心して、進んで大丈夫です。

Chapter

5

幸せになることを
あきらめない

自分を絶対幸せにする

いろいろなことを試したけれど、思うように自分の変化や成長が見られないと、のびのび生きている人がうらやましく感じるかもしれません。

でも、うらやましく感じるということは、「あなたもそうなれるよ」という見えない世界からのサインです。

たとえばオリンピック選手を見て、「いいな～、私も世界新記録を出したい」なんて思いませんよね。私たちは、自分に関係ない世界の人がどんなにまわりから賞賛されていても、うらやましいとは思いません。

うらやましいと思う人がいるなら、あなたもそうなれるということ。あなたの未来を見せてくれている人なんです。

過去の私も、幸せな人を見て、ずっとうらやましいと思っていました。

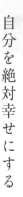

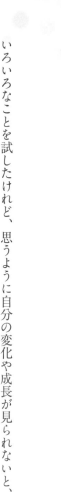

うまくいってないのは自分だけで、まわりの人が全員幸せに見えるのです。「私もそうなりたいのに、なんでなれないんだろう？　みんな幸せなのに、私だけが不幸……」と思っていたのです。

その状況からなんとか脱したいと、本を読んだり、YouTubeを見たりして、取り入れられそうなものは実践していきました。

でも、ちょっとやってみて結果が出ないと、「やっぱり私はダメなんだ」というつもの責め癖が発動してしまい、落ち込んでいました。

それでも、幸せになることをあきらめなかったのは、「どうしても幸せになりたい」という強い思いがあったからです。

おそらく誰もが「幸せになりたい」と思っていると思いますが、**本気で幸せになりたいと思っているかどうかが、ポイント**です。

YouTuberのヒカルさんが「なりたいものになれるのは、なろうとした人だけ」とおっしゃっていましたが、思いの強さに勝るものはありません。

なりたい自分になれる時期は、それぞれのベストタイミングがあると思いますが、**どんな自分になりたいかが明確であればあるほど、必要な情報が入ってくる頻度もチャンスも格段に高くなっていく**のです。本気の人には、目に見えない世界の力も働くのだと思います。

うまくいかない状況が続くと、愚痴も言いたくなりますが、愚痴を言って終わりにせず、どうなりたいか、どうしたいかを明確にして、少しずつ行動していくこと、その積み重ねで現実は変わります。

自分を絶対幸せにする。その覚悟さえあれば、必ず望んだ未来が訪れます。だから、幸せになることをあきらめないでほしい、心からそう思うのです。

心の自由を確保する

私が考える幸せとは巻頭でもお伝えした通り、**何にも縛られず自由でいられること**です。

自分でなんでも好きに選択できたら、のびのびと生きられますよね。

でも、実際は、実家で親の目を気にして過ごしていたり、ご主人や子ども、上司に気を使って過ごしていたり、同僚とのお付き合いで言葉を選んで話していたり、窮屈《きゅうくつ》な状態が常になっている人もいるでしょう。

常識という枠にはまって生きると社会的に評価されるので楽なのですが、その分、自分を制限することになるので自由を失ってしまうのです。

そうは言っても、いきなり家を出て、会社をやめて、一人で世界を旅します、というわけにもいかないので、まずは少しずつ自分のなかに自由を取り戻していきましょう。

私は派遣の仕事をやめたいけれどやめられずにいた時期に、試したことがありました。それは、お昼休みの時間。

その事務所には、正社員と派遣の私しかいなかったため、お昼休みの時間は交代で電話番をしていました。電話番をする日は、お弁当を持ってきて事務所に残らなければいけませんでしたが、電話番のない日は、本来自由に使っていいお昼休みのはず。

けれど、正社員の方も、派遣できていた前任の方も、外に出ることなくいつもお弁当を持ってきて事務所でお昼休みを過ごしていたようで、そうしなければいけない雰囲気があり、私もみんなに合わせて、電話番がない日もお弁当を持参して事務所で食べていました。

でも、小さな事務所にいるのが息苦しく、窮屈に感じた私は、ある日思い切って「ちょっと外に行ってきます」と言って、事務所を飛び出したのです。

外食するお金の余裕はなかったのですが、好きでもない人と重苦しい空間で、興味のない話に付き合っているよりは、外でランチをするほうが何百倍もエネルギーがあがります。外に出ることで、私は解放感にあふれ、のびのびと自分の時間を謳歌できる自由を感じました。

その後も電話番ではない日は、外にランチに行くようになり、私はお昼休みの時間に自由を取り戻しました。ランチに行ける日は、午前中から「今日は何を食べようかな？」「どこのお店に行こうかな？」「新しくオープンしたあのお店に行ってみようかな？」とワクワク。

ランチをしながら幸せを発信しているYouTubeを聞いたり、本を読んだりしてお昼休みを有意義に過ごすことで、心はどんどん解放されて元気になり、自分のやりたいことをやってみよう、と前向きになっていったのです。

もし今、窮屈さを感じていたら、できる範囲から自由を取り戻してみてください。人に合わせていたことから抜ける時は勇気がいりますが、ちょっとずつできることからやっていきましょう。

人に振り回される人生に終止符を打つ

なかなか幸せを感じられない人の大きな理由は、76ページでもお伝えしたように、親に愛された感覚がないからです。親に愛された感覚がないと、自分の愛し方がわからないため、相手に愛してほしい、認めてほしい、という自己愛をぶつけてしまいがち。

恋愛だけでなく、仕事関係、友達関係などあらゆる人に対して、「私を認めて！」と承認欲求で接するので、そのエネルギーを受け取った相手はなんとなく居心地が悪くなり、関係が悪化していってしまいます。

自分が満たされていないと、誰かや何かに幸せにしてもらおうとしてしまいますが、自分のことは自分でしか満たせません。自分が何をしたら満たされるかを考えて、それを実践していきましょう。

好きなものを食べたり、部屋にお花を飾ったり、温泉地に出かけたり、なんでもいいのです。一人でできること、すぐできそうなことをやりながら、本書でお伝えしたこともぜひ実践してみてください。

承認欲求がある人は、他人からの評価で自分の価値をはかりますが、他人の評価はあてになりません。その時、相手の機嫌がよくて認めてもらえても、明日になったら認めてもらえなくなる、なんてこともあるかもしれません。

相手次第で自分の評価が変わるということは、相手次第で幸せにもなるけど、不幸せにもなるということですよね。

自分を幸せにしたいなら、人に評価を求めるのはやめましょう。それよりも、自分が楽しく生きることに集中してください。

人に振り回される人生はもう終わり。

この人生は自分が主役ですから、自分で自分を満たしていきましょう。

どれだけでも幸せになっていい理由

あなたは魂の自分を感じたことはありますか？

肉体を持って生きていると、この肉体が自分だと思ってしまいますが、私はある体験で、実は**魂と肉体は別で、魂のほうが自分**だと腑に落ちました。


それは、YouTubeの撮影をしていた時のことです。

撮影の前にいつも、古代エジプト時代に神の儀式に使われていたと言われるエジプシャンオイルを腕にちょんちょんとつけるのですが、その日もエジプシャンオイルをつけて、いつも通りカードを引いていました。

そして、カードの意味をガイドブックを持ちながら読んでいた時、急に肘《ひじ》から指先までの感覚が全くなくなってしまったのです。

しびれて感覚がなくなることはありますが、そういう感じではありません。「いったい、どういう状況？」と一瞬焦りましたが、ふと「これって、肘から先の感覚を戻そうと思ったら戻せるの？」と、見えない世界に話しかけるかのように、自然と口から言葉が出てきました。

すると、肘から指先までの感覚が元通りになったのです。そこでもう一度、「もう1回、感覚をなくせる？」と聞くと、また肘から指先までの感覚がなくなりました。

エジプシャンオイルは、古代エジプト時代に「魂の食事」と言われていたそうで、この不思議体験は、エジプシャンオイルが魂に栄養を与えて引き起こしたものだったのかもしれません。

そしてこの時、**「体は魂の入れ物」という感覚が腑に落ちました。**

アニメ『機動戦士ガンダム』では、アムロがガンダムに乗り込んでガンダムを動かしますよね。つまり、体はガンダム、魂はアムロ。本体は魂のほうで、この体は地球でやりたいことをやるために使う魂の入れ物なのです。

脳も体（入れ物）に内蔵されているものなので、「怖い」「恥ずかしい」といった思考も、体が言っていること。

思考は魂の声をかき消して、幸せになれない理由をたくさん並べてきますが、私たちの本体は魂のほうなのです。

つまり、**思考を無視して魂がやりたいことをやっていい**、見えない世界から、そう言われたような感覚になりました。

私たちは、どれだけ幸せになってもいいのです。自分が幸せになることを許可してあげましょう。

不快を続けるか、快をとるかは、あなたが選べる

よく魂の使命は何か、何を体験するために生まれてきたのか、という話を聞きますよね。

たしかに、魂には何か使命や目的があるのかもしれませんが、先ほどお伝えした魂が本体の感覚になった時、私は**この地球に生まれてきたことがそもそもやりたいことだったから、なんでもやりたいことをやっていいんだ、**と思いました。

体という器に入って地球に生まれてきただけで、魂としてはすでにハッピーだとしたら、あとはすべておまけのようなもの。ネガティブなこともポジティブなことも、どんな体験も魂は喜んでいると思うのです。

肉体を持っている私たちからしたら、嫌なこと、つらいことは起こってほしくなくて、いいことだけが起こり続けてほしいと思いますよね。

でも、いいことだけ起こってなんでも願ったことが叶ってしまったら、絶対飽きると思うのです。会いたい人に会えて、欲しいものが手に入って、何をやってもうまくいったら、つまらなすぎて退屈してしまうかもしれません。

うまくいかないことがあるなかで、うまくいくことがあるから楽しいのです。

そう考えると、私たちがどんなに嫌だと感じることも、怖いことも、苦しいことも、悲しいことも、魂にとっては全部が楽しくて嬉しいことだと思うのです。

「だったら、嫌なことが起こるのも仕方ないのか……」とがっかりしなくて大丈夫！　私たちは、どう生きるのかを選ぶことができるからです。

不快の状態を続けるのか、それをやめて心地いい状態になるのか、どっちを選ぶのかは私たちの自由意思。

ネガティブな感情に飲み込まれていると、どうしても視野が狭くなるので、そのことばかりを考えて堂々巡りしてしまうのですが、そういう時こそ、俯瞰してみるのです。

すると、選べることがわかってきます。

私の例でいうと、最近は仕事の関係で大人数で会ったり、グループラインを作ったりなど、団体で行動することが増えてきました。

もともとの私は団体行動が苦手なタイプ。人に合わせるのが苦痛なので、大人数の場では楽しめず、グループラインもできれば入りたくないと思っていたのです。

そんなある日、みんなで会ったあと、そのグループラインにみんなから「今日は楽しかったね」などのコメントが、続々入ってきました。

私も「楽しかった」という気持ちを伝えようと、少し長めの文章を書いて送ったのですが、あとから「誰かの気に障るようなことを書かなかったかな」と気になってモヤモヤしてしまいました。

ラインやメールの文章は、よかれと思って書いても、相手を傷つけてしまうこともあります。表情も声もわからずニュアンスがつかめないなか、文章で気持ちをあらわすことは、いつも難しく、悩んでしまうのです。

いつもなら、文章を送信したあとモヤモヤを引きずってしまうのですが、俯瞰した視点から自分に問いかけてみました。

「私はこれで悩み続けたいのかな？」

すると、「悩みたくないよ。悩んでいてもなんの得にもならない。私は気分よくいたいんだ！」と答えが湧いてきたのです。

私は、それなら考えるのも悩むのもやめようと思い、お気に入りのハーブティーを入れてお茶タイムにして、気分を切り替えることができました。

人間関係において、まずいことを言っちゃったかな、怒らせちゃったかな、など気になることはあっても、自分に悪意がなければ、それをどう受け取るかは相手次第。

自分の気持ちと異なる感じで伝わったとしても、それは仕方ないことです。

そのことさえ魂は喜んでいるのですから、何があっても大丈夫。安心して、自分が心地いい状態を選択してくださいね。

あなたは一人じゃない

嫌な出来事が起きて心が凹んだ時、大切な人と気持ちが通じあわず仲たがいしてしまった時、好きな人から連絡がこなかった時など、孤独を感じることもあるでしょう。

でも、あなたは一人ではありません。

私のYouTubeを見てくれている方も、この本を手にとって読んでくださっている方も、**この地球で同じものに興味を持ってそこにアクセスしてくれていますよね。その時点で、もうつながっているのです。**

実際、YouTubeで私のカードリーディング動画を見てくれたり、個人セッションを受けてくれた方からは、「1年以上音信不通だった彼から連絡がありました！」「復縁した彼と入籍することになりました」「妊活しても授からずあきらめ

ていましたが、まさかの妊娠をしました！」など、数え切れないほどの嬉しいご報告をいただくのですが、私からすると「やっぱりね♡」と思うのです。

なんの根拠もないのですが、なぜかみんなの願いは絶対叶うし、みんなの人生は必ず良くなると信じているので、お互いのエネルギーが循環していい流れにつながっていくのでしょう。

さらには、目に見えない世界の天使さんや、妖精さん、龍神さんなども一緒にいてくれて、私たちのことを助けてくれています。

世の中には、事件や事故、紛争などにあわれて命を落とされる方もたくさんいらっしゃいますが、そんななかでも今生きている、ということは、見えない世界に守られて、助けられて、生かされているからだと思うのです。

気づいていないだけで、私たちはたくさんの人たちや見えない世界に守られながら生きています。孤独を感じたら、あなたを守ってくれているものがいることを思い出してくださいね。

あなたは一人ではありません。

今がどんな状態でも、この瞬間から現実は変わる

嫌なことがあったり、うまくいかない状態が続いたりすると、自分は幸せになんてなれないんじゃないか、と落ち込んでしまいますよね。

私も、ずっとそうでした。

でも、自分の波動は今この瞬間に変えることができます。

どんなに過去を悔やんでも、未来が不安でも、生きているのは「今」です。過去も未来も生きることはできません。

生きているこの瞬間は「今」だけなのです。

つまり、**どんなにどん底にいて絶望していても、今この瞬間から波動を変えていけるということ。過去も未来も関係ないのです。**

今の状況が思わしくなかったとしても、いったん横に置いて、今ほっとすることと、リラックスすることをしてみてください。

本書では何度もお伝えしましたが、ハーブティーを飲んで一息ついてみたり、お風呂にゆっくり入ってみたり、アロマをたいて心地いい空間を作ってみたりなど、今すぐできることを実践してみましょう。

すると安心します。その安心感で、波動が整うのです。

波動が整わない状態で、幸せになるために何かをしようとしても、焦りや不安が湧いてきてうまくいかないことがほとんどです。

いろいろな本を読んだり、セミナーに通ったりしても何も変わらない、とあきらめてしまう人も多いと思うのですが、波動を整えずに取り組むとうまくいかないのです。

私も過去に『ザ・シークレット』（ロンダ・バーン）のシリーズを読破していろいろ実践しましたが、本に書いてあるように自分を変えることができず、何度も挫折しそうになりました。

波動が整わないと、今に意識が向かないので、「やっぱりダメだ」「私は幸せになれないんだ」というふうに、どうしても過去の失敗と自分の価値をくっつけてしまうのです。

でも、あなたは今この瞬間から波動を変えられます。過去は関係ありません。

まずは、ほっとして、リラックスすること。
波動が整ったら、「これからどうしたい？」「どうなりたい？」と未来に意識を向けてみましょう。
なりたい自分が決まったら、「未来はなりたい自分になっている」ことを意図して、今を生きる。

そうすることで、あなたの人生は開かれていきます。

おわりに

最後までお読みいただきありがとうございます。

見えない世界とつながって自分の直感を信じることができれば、本当にすべてがうまくいくようになって現実が変わり始めます。

見えない世界の存在たちは、いつもあなたの味方で、あなたを応援してくれています。

行き詰まった時やちょっとしたことでも、遠慮せずにお願いしてみてください。きっと力を貸してくれるはずです。

人生は長いようで短いもの。他の誰でもない自分の人生ですから、自分の好きに生きていきましょう。もっと自分を大切にして、もっとわがままになって、もっとたくさん望んでいいんです。

どん底だった私が「幸せミラクル」で現実を変えたように、今度はあなたの番です！

最後にいつもYouTubeやInstagramを見てくださっているみなさん、この本を手に取ってくれたあなた、ご縁があってつながってくれたみなさん、ありがとうございます。

みなさんからいただくメッセージやコメントにいつも励まされ、たくさんの勇気をいただいています。

心より感謝いたします。

そして一緒に本を作ってくださった、KADOKAWAのみなさん、チア・アップのRIKAさん、本当にありがとうございます。

みなさんに、たくさんの「幸せミラクル」が起こりますように♡

Ao

Ao《あお》

ハッピーコンサルタント

青森県生まれ。高校卒業後、地元青森でアルバイト、派遣社員など職を転々とし、子どもの頃からいつか住みたいと思っていた東京に、22歳の時、上京。しかし、仕事も恋愛もうまくいかず、辛く生きづらい状況を打開しようと、自己啓発やスピリチュアルの本を読んで、いいと思ったことを実践する日々を送る。そんなある日、不思議な声を聞いたことで、自分を本気で幸せにしようと思い、ありのままの自分を受け入れて愛することで、現実を変える。過去の自分のように、悩みを抱え、生きづらさを感じている人たちに元気を届けたい！とYouTubeを始めたところ、視聴者から、恋愛、仕事、お金、人間関係など嬉しい奇跡の報告が続々届くようになり、「ミラクルを呼ぶチャンネル」と言われるように。誰もが好きなことをして、自由に自分らしく幸せに生きていける世界になるために、幸せミラクルを起こす方法やコツを、YouTubeやInstagramで発信している。

YouTube @AoChannel123
Instagram @ao_amo

幸《しあわ》せミラクル　見《み》えない世界《せかい》とつながれば、ぜんぶうまくいく！

2024年3月28日　初版発行

著者／Ao《あお》

発行者／山下 直久

発行／株式会社KADOKAWA
〒102-8177　東京都千代田区富士見2-13-3
電話　0570-002-301(ナビダイヤル)

印刷所／TOPPAN株式会社
製本所／TOPPAN株式会社

ISBN 978-4-04-606803-3 C0095